Leitfaden der Rechtswissenschaft

Band 2

Bürgerliches Gesetzbuch

Zweites Buch

Das Recht der Schuldverhältnisse

I. Hälfte

Allgemeiner Teil

von

Dr. Richard Lehmann, Berlin

Berlin 1947

Walter de Gruyter & Co.

vormals G. J. Göschen'sche Verlagshandlung — J. Guttentag, Verlagsbuchhandlung
Georg Reimer — Karl J. Trübner — Veit & Comp.

Archiv-Nr. 231547/2

Druck: A. W. Hayn's Erben, Berlin SO 36, Schlesische Str. 26

Inhaltsverzeichnis

Erster Abschnitt

Inhalt der Schuldverhältnisse (§§ 241—304)

I. Grundbegriffe

Seite

§ 1. Einleitung 7
§ 2. Treu und Glauben 8

II. Der Gegenstand der Leistung

§ 3. Arten des Leistungsgegenstandes 10
§ 4. Stück- und Gattungsschulden 12
§ 5. Die Geldschuld 13
§ 6. Die Zinsschuld 15
§ 7. Die Lehre vom Schadenersatz 16
§ 8. Wahlschulden 24
§ 9. Nebenverpflichtungen 26

III. Art und Weise der Leistung

§ 10. Leistung durch Dritte, Ablösungsrecht 28
§ 11. Der Leistungsort 29
§ 12. Die Zeit der Leistung (Fälligkeit) 30
§ 13. Das Zurückbehaltungsrecht 31

IV. Veränderungen im Inhalt der Leistung

§ 14. Die vom Schuldner zu vertretenden Umstände 33
§ 15. Haftung für gesetzliche Vertreter und Hilfspersonen 36
§ 16. Unmöglichkeit der Leistung 38
§ 17. Verzug des Schuldners 40
§ 18. Positive Vertragsverletzung 42
§ 19. Der Annahmeverzug 43

Zweiter Abschnitt

Schuldverhältnisse aus Verträgen (§§ 305—361)

		Seite
§ 20.	Die Begründung des Vertrages	45
§ 21.	Gesetzliche Beschränkungen des Vertragsinhalts	48
§ 22.	Die Form des Vertrages	50
§ 23.	Der gegenseitige Vertrag	53
§ 24.	Der Vertrag zugunsten Dritter	60
§ 25.	Draufgabe, Vertragsstrafe	64
§ 26.	Der Rücktritt	66

Dritter Abschnitt

Erlöschen der Schuldverhältnisse (§§ 362—397)

§ 27.	Die Erfüllung	71
§ 28.	Die Quittung	74
§ 29.	Die Annahme an Erfüllungs Statt und erfüllungshalber	76
§ 30.	Die Hinterlegung	77
§ 31.	Die Aufrechnung	80
§ 32.	Erlaß und n gatives Schuldanerkenntnis	86

Vierter Abschnitt

Uebertragung der Forderung (§§ 398—413)

§ 33.	Die Uebertragung der Forderung	87

Fünfter Abschnitt

Schuldübernahme (§§ 414—419)

§ 34.	Die Schuldübernahme	95

Sechster Abschnitt

Mehrheit von Schuldnern und Gläubigern (§§ 420—432)

§ 35.	Mehrheit von Schuldnern und Gläubigern	100

Abkürzungsverzeichnis

§ (ohne Zusatz)	= Paragraph des Bürgerlichen Gesetzbuchs (BGB).
AktGes	= Aktiengesetz vom 30. 1. 1937.
FGG	= Reichsgesetz über die freiwillige Gerichtsbarkeit vom 17. 5. 1898.
GBO	= Grundbuchordnung i. d. Fassung v. 5. 8. 1935.
h. L.	= herrschende Lehre.
HGB	= Handelsgesetzbuch.
HinterlggsO	= Hinterlegungsordnung v. 10. 3. 1937.
JW.	= Juristische Wochenschrift.
KfzGes	= Gesetz über den Verkehr mit Kraftfahrzeugen vom 3. 5. 1909.
KO	= Konkursordnung.
MSchG	= Mieterschutzgesetz vom 15. 12. 1942.
RGZ	= Amtl. Sammlung der Entscheidungen des Reichsgerichts in Zivilsachen.
RGSt	= Amtl. Sammlung der Entscheidungen des Reichsgerichts in Strafsachen.
SchG	= Scheckgesetz vom 14. 8. 1933.
StPO	= Strafprozeßordnung.
VersVertrGes	= Versicherungsvertragsgesetz v. 30. 5. 1908.
WG	= Wechsel-Gesetz vom 21. 6. 1933.
ZPO	= Zivilprozeßordnung.
ZVG	= Gesetz über die Zwangsversteigerung und Zwangsverwaltung vom 24. 3. 1897.

Erster Abschnitt
Inhalt der Schuldverhältnisse (§§ 241—304)

I. Grundbegriffe

§ 1
Einleitung

Jedes Schuldverhältnis stellt eine Rechtsbeziehung zwischen zwei Personen dar, auf Grund deren der eine Teil (Gläubiger) berechtigt ist, von dem anderen Teil (Schuldner) eine Leistung zu fordern (§ 241). In wirtschaftlicher Hinsicht wird durch das Schuldrecht das große Gebiet der Verträge des täglichen Lebens, wie Kauf, Schenkung, Miete, Dienst- und Werkvertrag usw., geregelt. Daneben werden — insbesondere in dem praktisch äußerst wichtigen Rechtsgebiet der sog. unerlaubten Handlungen (§§ 823 ff.) — Leistungspflichten begründet, die einen Vertrag nicht voraussetzen.

Das Schuldverhältnis des BGB ist so ausgebildet, daß der Gläubiger nur einen Anspruch gegen den Schuldner, nicht aber gegenüber dritten Personen hat. Damit unterscheiden sich die Forderungsrechte grundsätzlich von den Sachenrechten, die sich gegen jedermann richten (sog. persönliche oder relative Rechte gegenüber den dinglichen oder absoluten Rechten).

Beispiel: Vermietet der Vermieter V. eine Wohnung, d. h. verpflichtet er sich zur Gebrauchsüberlassung der Wohnung an A. (§ 535), und überläßt er sie dann an B., so kann A. seine Ansprüche aus dem Mietvertrag nur gegen V. erheben, nicht dagegen gegen B.

Ist A. jedoch im Besitz der Wohnung, so kann er den Besitzschutz, der sachenrechtlicher Art ist (§ 858), gegen jedermann geltend machen, der ihn im Besitz der Wohnung stört.

Das Schuldverhältnis braucht sich jedoch nicht in einem Anspruch zu erschöpfen. Es können für den Schuldner neben der Hauptpflicht zur Leistung eine Reihe von Nebenpflichten entstehen.

Beispiel: Der Mieter einer Wohnung ist nicht nur verpflichtet, den Mietzins zu entrichten, sondern er hat auch die Mietsache schonend zu behandeln, sich jeder Belästigung des Vermieters zu enthalten, sowie bei eintretenden Mängeln dem Vermieter davon Anzeige zu machen (§ 545).

Damit wird das Schuldverhältnis zu einem elastischen und vielgestaltigen „Organismus", aus dem im Einzelfall konkrete Ansprüche entwickelt werden können.

Begriffsnotwendiger Bestandteil des Schuldverhältnisses ist die Haftung des Schuldners. Sie bedeutet, daß sich der Gläubiger mit den Mitteln des Vollstreckungsrechtes die Leistung erzwingen kann, wenn der Schuldner sie freiwillig nicht erbringt. Die Haftung erstreckt sich in der Regel auf das ganze Vermögen des Schuldners („unbeschränkte Haftung"). Ausnahmen

z. B.: Haftung des Vermögensübernehmers nur mit dem Vermögen (§ 419), Haftung des Erben mit dem Nachlaß nach § 1975.

Merke: „Haftung" wird auch im Sinne von Schulden-Einstehen-müssen gebraucht (z. B. Haftung auf Schadenersatz, Haftung des Tierhalters nach § 833, „Reichshaftpflichtgesetz"). Haftung einer Pfandsache bedeutet, daß der Gläubiger sie zu seiner Befriedigung verwerten kann (§ 1204 ff.).

Keine „Haftung" begründen die sog. unvollkommenen Forderungen (Naturalobligationen), da ihre Erfüllung nicht durch Klage oder Zwangsvollstreckung erzwingbar ist. Auch diese Forderungen sind aber erfüllbar, daher kann das zu ihrer Erfüllung Geleistete nicht wegen fehlenden Rechtsgrundes zurückgefordert werden. Naturalobligationen sind vor allem die Verbindlichkeiten aus Spiel und Wette, die Forderung auf Ehemäklerlohn (§§ 762 ff, 656) und verjährte Forderungen (§ 222). Bei letzteren besteht die Besonderheit, daß sie klagbar sind, jedoch muß die Klage, wenn die „Einrede" der Verjährung erhoben wird, abgewiesen werden.

§ 2
Treu und Glauben

Der Schuldner ist verpflichtet, die Leistung so zu bewirken, wie Treu und Glauben mit Rücksicht auf die Verkehrssitte es erfordern (§ 242).

Der Grundsatz von Treu und Glauben ist über den Wortlaut des § 242 hinaus zum obersten Grundsatz des Schuldrechts wie des ganzen bürgerlichen Rechtes geworden. Was Treu und Glauben gebieten, bestimmt sich nach den besonderen Umständen jedes einzelnen Falles. Maßgebend muß dabei für die Parteien vor allem das gegenseitige Vertrauen sein, das eine Rücksichtnahme auf die Belange des anderen Teils gebietet, weiterhin der mit dem Schuldverhältnis verbundene wirtschaftliche Zweck und schließlich die sozialen Interessen der Allgemeinheit.

1. Der Wortlaut des § 242 selbst regelt die Art und Weise der Leistung.

Der Schuldner darf nicht am unpassenden Ort oder zu unpassender Zeit die Leistung anbieten. Der Gläubiger muß unter Umständen Teilzahlung gewähren oder Teilleistungen annehmen.

2. Schon die Einleitung eines Schuldverhältnisses kann nach Treu und Glauben Pflichten mit sich bringen und eine Haftung des Schuldners aus Verschulden bei Vertragsschluß begründen (siehe unten Seite 35).

3. Durch Treu und Glauben können über die ausdrücklich vereinbarten Bestimmungen hinaus Nebenrechte und Nebenverpflichtungen entstehen, insbesondere Aufbewahrungs-, Erhaltungs-, Anzeige- und Auskunfts- sowie Unterlassungspflichten.

Beispiel: Der Vermieter, der an einen Zigarrenhändler einen Laden überlassen hat, darf in der Regel einen weiteren Laden in demselben Hause nicht auch an einen Zigarrenhändler vermieten. — Der Arbeitgeber hat auch nach Beendigung des Arbeitsvertrages noch Auskunft über den Arbeitnehmer zu geben.

4. Treu und Glauben können das Schuldverhältnis auch inhaltlich gestalten und unter Umständen zu einem Wegfall von Ansprüchen führen, andernfalls die Rechtsausübung unzulässig ist.

Der Schuldner wird sich nicht auf die Verjährung berufen können, wenn er — sei es auch nur schuldlos — den Gläubiger von der Unterbrechung der Verjährung abgehalten hat. Ebensowenig kann er den Einwand der Nichtigkeit eines Rechtsgeschäftes wegen Formmangels erheben, wenn er schuldhaft den Gläubiger in den Irrtum versetzt hat, daß das Rechtsgeschäft einer Form nicht bedürfe. Keine Partei darf sich in Widerspruch mit ihrem früheren Verhalten setzen.

Eine Verwirkung von Ansprüchen und Gestaltungsrechten (u. a. Rücktritt, Kündigung) kann gegeben sein, wenn der Gläubiger längere Zeit hat nutzlos verstreichen lassen und der Schuldner daraus schließen konnte, der Gläubiger wolle den Anspruch nicht mehr geltend machen.

Haben beide Parteien gemeinsam gewisse Umstände zur Grundlage des Vertrages gemacht, die in Wirklichkeit nicht vorhanden waren oder wider Erwarten nicht eingetreten sind, so kann das Festhalten am Vertrag gegen Treu und Glauben verstoßen (Lehre vom Wegfall der Geschäftsgrundlage).

Es können dann je nach der Sachlage Ansprüche auf Vertragsänderung oder auf einen billigen Leistungsausgleich, äußerstenfalls Rücktrittsrechte entstehen.

Die Anwendung dieser Grundsätze muß aber stets eine besondere Ausnahme darstellen, denn auch und gerade Treu und Glauben bedeuten Vertragstreue, und der Richter ist grundsätzlich nicht befugt, eine vertragliche bedungene Leistung durch die „billige" oder angemessene zu ersetzen.

5. Die „alten" Schulden.

In diesen Zusammenhang gehört auch die Frage, ob die sog. „alten" Schulden, d. h. Zahlungsverpflichtungen, die vor Kriegsende entstanden sind, auch jetzt noch erfüllt werden müssen. Diese Frage ist grundsätzlich zu bejahen. Wegen der weitgehenden Wirkungen des Zusammenbruches (Zerstörung von Betriebseinrichtungen, Leistungsunfähigkeit oder Wegfall staatlicher Auftraggeber, Kontensperren und Reparationsleistungen) auf nicht abgewickelte Schuldverhältnisse kann jedoch eine abschließende Beantwortung nur durch besondere gesetzgeberische Maßnahmen erfolgen. Mit Ausnahme von Berlin sind auch bereits in allen vier Zonen hierzu Verordnungen ergangen, die in ihrer Tragweite zwar unterschiedlich sind, aber übereinstimmend den Fortbestand der alten Schulden voraussetzen. Teilweise beschränken sich diese Rechtssätze auf Aussetzung gerichtlicher

Verfahren[1]) oder ermöglichen es dem Schuldner, richterliche Vertragshilfe in Anspruch zu nehmen[2]). Ein besonderes Bedürfnis, ohne derartige Bestimmungen zu angemessenen Ergebnissen zu gelangen, besteht daher z. Zt. besonders in Berlin. Von der Rechtsprechung der Berliner Gerichte wird ebenfalls im allgemeinen die Auffassung vertreten, daß grundsätzlich alte Verbindlichkeiten zu erfüllen sind. Doch hat das Landgericht Berlin in einer Entscheidung vom 5. 12. 46[3]) nach Treu und Glauben von dem Gläubiger ein besonderes Entgegenkommen verlangt, daß ihm im Einzelfall unter Berücksichtigung der jeweiligen besonderen Verhältnisse gebieten könne, Stundung oder Teilzahlung zu gewähren, sowie auf Zinsen, unter Umständen auf einen Teil des Anspruchs und in ganz besonderen Ausnahmefällen sogar auf den ganzen Anspruch zu verzichten.

II. Der Gegenstand der Leistung

§ 3

Arten des Leistungsgegenstandes

1. Der Inhalt der vom Schuldner zu erbringenden Leistung kann in einem Tun oder Unterlassen bestehen (§ 241).

a) Ein Tun, d. h. eine positive Leistung, ist z. B. jede Hingabe eines Gegenstandes zum Zwecke der Uebereignung (Kauf) oder der Gebrauchsüberlassung (Miete), jede Arbeits- und Dienstleistung, jede Herstellung eines Werkes.

b) Die Unterlassungspflichten können den Hauptinhalt eines Schuldverhältnisses ausmachen, meist sind es jedoch nur Nebenpflichten, z. B. Wettbewerbsverbote bei Verkauf einer gewerblichen Praxis, Konkurrenzklauseln der Handlungsgehilfen nach Beendigung des Dienstverhältnisses. In vielen Fällen enthält auch die Verpflichtung zu einer positiven Leistung gleichzeitig die Pflicht, alles zu unterlassen, was den Zweck der Leistung gefährden würde.

2. Die Leistung kann eine einmalige, wiederkehrende oder fortgesetzte sein.

---

[1]) Britische Zone: Aussetzungsverordnungen der OLG.-Präsidenten, meist vom 8. 2. 46 (vgl. Süddeutsche Jur.-Ztg. 1946, S. 78) für Verbindlichkeiten, die im Zusammenhang mit Zahlungseinstellungen der öffentlichen Hand stehen.

Französische Zone: Rechtsanordnung zur Ergänzung der VO. über die Bewilligung von Zahlungsfristen in Rechtsstreitigkeiten (für Südbaden vom 19. 7. 46, für Hessen-Pfalz vom 1. 9. 46, für Süd-Württemberg vom 6. 8. 46 (vgl. Dtsch. Rechtsztg. 1946, S. 145): Aussetzung gerichtlicher Verfahren bis zu 6 Monaten, sowie Bewilligung von Zahlungsfristen.

[2]) Sowjetische Zone: VO. der Dtsch. Finanzverwaltung und der Dtsch. Justizverwaltung der sowjet. Besatzungszone mit Ermächtigung der Sowjetischen Militär-Administration über die gerichtliche Regelung der Fälligkeit alter Schulden vom 4. 7. 46 (vgl. VOBl. Prov. Sachsen 1946, 339) ermöglicht im Wege richterlicher Vertragshilfe, Zahlungsaufschub und Gewährung von Teilzahlung.

Amerikanische Zone: Vertragshilfegesetz 1946 (Bayern 25. 4. 46, Hessen 24. 8. 46, vgl. Südd. Jur.-Ztg. 1946 S. 158) ermöglicht Stundung, Umgestaltung gegenseitiger Verträge und Aufhebung eingetretener Rechtsnachteile.

[3]) Vgl. Haus und Wohnung 1947, S. 218.

a) Eine einmalige Leistungspflicht besteht bei den meisten Umsatzgeschäften des täglichen Lebens, z. B. in der Verpflichtung des Zeitungsverkäufers zur Uebereignung der gekauften Zeitung, des Schneiders zur Lieferung des bestellten Anzuges oder des Darlehnsschuldners zur Rückzahlung der geschuldeten Summe.

b) Bei den wiederkehrenden Leistungen ist der Schuldner in regelmäßigen oder unregelmäßigen Zeitabschnitten zu einer Leistung verpflichtet, z. B. zur Zins- oder Rentenzahlung, zur Abzahlung des Kaufpreises bei Teilzahlungsgeschäften. Ein Sonderfall dieser Verträge ist der sog. Sukzessivlieferungsvertrag. Dies ist ein einheitlicher Vertrag, durch den sich der eine Teil zur ratenweisen Lieferung einer bestimmten Warenmenge, der andere Teil zur ratenweisen Zahlung verpflichtet hat. Hierhin gehören die meist auf einige Jahre laufenden Bierlieferungsverträge, die zwischen Brauereien und den Pächtern von Gastwirtschaften abgeschlossen werden.

c) Liegt eine fortgesetzte Leistungspflicht vor, so spricht man von einem Dauerschuldverhältnis (z. B. Miete, Leihe, Dienstvertrag und viele auf ein Unterlassen gerichtete Verbindlichkeiten). Da hierbei die Vertragsgenossen auf eine längere Zeit miteinander verbunden sind, bestehen erhebliche gegenseitige Rechte und Pflichten. Wegen dieser Eigenart betrifft die richterliche Vertragshilfe häufig Dauerschuldverhältnisse.

3. Die Leistung kann teilbar oder unteilbar sein.

Teilbar ist eine Leistung nur dann, wenn sie sich ohne Wertminderung in gleichartige Teile zerlegen läßt. Dies wird im allgemeinen nur bei Geldleistungen und vertretbaren Sachen der Fall sein. Unteilbar sind nicht nur die Leistungen, deren Gegenstand nicht teilbar ist, sondern auch alle diejenigen, deren Leistungszweck eine teilweise Erfüllung nicht zuläßt.

Auch bei teilbaren Leistungen ist der Schuldner grundsätzlich zu Teilleistungen nicht berechtigt (§ 266, Ausnahme bei Aufrechnung § 398, sowie Art. 39 II WG, 34 II SchG, § 757 ZPO, § 149 KO).

Beispiel: Hat der Darlehnsschuldner den Betrag von 500 RM zurückzuzahlen, so kann der Gläubiger eine Rückzahlung von zunächst 300 RM ablehnen.

Ist aber der Mieter einer Wohnung mit einem Teil des Mietzinses aus dem Vormonat im Rückstand und bietet er dem Vermieter nunmehr die neue Monatsmiete in voller Höhe an, so darf der Vermieter diese Zahlung nicht als unzulässige Teilzahlung zurückweisen. Denn jede Monatsmiete ist als selbständige Forderung anzusehen.

Der Unterschied zwischen teilbarer und unteilbarer Leistung ist von besonderer Bedeutung bei der Lehre von der Unmöglichkeit der Leistung. Kann der Schuldner die Leistung nur teilweise erbringen, so liegt bei teilbarer Leistung Teil-, bei unteilbarer Leistung aber volle Unmöglichkeit vor.

§ 4

Stück- und Gattungsschuld

I. 1. Ist der Gegenstand der Leistung von den Parteien durch ganz bestimmte individuelle Merkmale bezeichnet, so liegt eine Stück- oder Speziesschuld vor, z. B. es wird ein bestimmter Kraftwagen mit genauem Kennzeichen oder ein bestimmtes Paar Schuhe aus einem Tauschladen geschuldet.

2. Eine Gattungsschuld ist gegeben, wenn der Leistungsgegenstand von den Parteien nur nach Artmerkmalen bestimmt ist, z. B. Lieferung von 20 Zentner Kohle, 30 t Weizen oder 100 Zentner Kartoffeln.

Bei den Gattungsschulden wird es sich meist um vertretbare Sachen (§ 91) handeln. Dies ist jedoch nicht notwendig. Denn die Vertretbarkeit ist eine objektive Eigenschaft, während die Bestimmung des Leistungsgegenstandes von den Parteien abhängig ist. Daher können auch nicht vertretbare Sachen Gegenstand einer Gattungsschuld sein.

3. Von einer begrenzten Gattungsschuld spricht man, wenn aus einem bestimmten Vorrat geleistet werden soll, z. B. wenn ein Produzent Erzeugnisse zu leisten verspricht, die in seinem Betrieb hergestellt werden. Hier tritt in Abweichung von § 279 Befreiung von der Leistungspflicht bereits ein, wenn der Vorrat untergeht, evtl. ist der Schuldner verpflichtet, bei Ansprüchen mehrerer Gläubiger eine entsprechende Kürzung vorzunehmen.

II. Da naturgemäß der Schuldner nur einen bestimmten Gegenstand leisten kann, muß sich die Gattungsschuld in ihrem Verlauf auf ein bestimmtes Stück konzentrieren.

1. Besteht die Gattung aus mehreren Arten, so ist der Schuldner gemäß § 243 Abs. 1 verpflichtet, sofern nichts anderes vereinbart ist, eine Sache von mittlerer Art und Güte zu liefern (vgl. § 360 HGB).

2. Die Umwandlung in eine Stückschuld erfolgt nach § 243 Abs. 2, sobald „der Schuldner das zur Leistung der Sache seinerseits Erforderliche getan hat".

Dies bedeutet stets Ausscheidung aus der Gattung. Hinzu muß aber kommen bei Holschulden: wörtliches Angebot des Schuldners an seinem Wohnsitz (§ 295), bei Bringschulden: Angebot am Wohnort des Gläubigers, bei Schickschulden: Uebergabe an den Spediteur, Frachtführer oder die zur Versendung bestimmte Person (§ 447). Bei Geldschulden ist stets Ankunft beim Gläubiger erforderlich (§ 270, vgl. unten S. 30).

3. Die Umwandlung der Gattungsschuld in eine Stückschuld hat die Wirkung

a) der Schuldner ist an die angebotene Sache gebunden, er braucht keine andere zu leisten, der Gläubiger kann keine andere fordern.

b) Die Gefahr des zufälligen Unterganges und der zufälligen Verschlechterung geht auf den Gläubiger über (§ 300 Abs. 2). Der Schuldner braucht also für den durch Zufall untergegangenen Gegenstand keinen anderen zu leisten (Uebergang der Leistungsgefahr). Mit der Leistungsgefahr geht auch meist die Vergütungsgefahr auf den Gläubiger über. Der Schuldner behält für den durch Zufall untergegangenen Gegenstand also den Anspruch auf die Gegenleistung (§ 324 Abs. 2, siehe unten S. 56).

Beispiel: Hat bei einem Versendungskauf der Verkäufer S. in Spremberg eine Sendung Schnittholz zu dem Käufer G. nach Guben abgesandt und geht diese auf der Bahn verloren, so braucht S. nicht noch einmal zu liefern (Uebergang der Leistungsgefahr, § 300 Abs. 2), er kann aber von G. Zahlung des Kaufpreises verlangen (Uebergang der Vergütungsgefahr, § 447).

§ 5
Die Geldschuld

I. Geld ist der allgemeine Wertmesser und das Tauschmittel für Güter und Leistungen der Bedarfsdeckung.

1. Geld im weiteren Sinne sind diejenigen Zahlungsmittel, die in einem bestimmten Gebiet vom Verkehr als Wertmesser anerkannt sind (Verkehrsgeld). Dazu können neben der inländischen Währung auch ausländische Zahlungsmittel gehören.

2. Geld im engeren Sinne sind diejenigen Zahlungsmittel, die durch die Rechtsordnung eines Staates zum allgemeinen Wertmesser erhoben sind und von jedermann in unbeschränkter Höhe angenommen werden müssen (gesetzliche Zahlungsmittel, Staatsgeld).

Unterscheide:

Nennwert: Der Wert des Geldes, der von der ausgebenden Stelle durch Prägung oder Druck bestimmt ist.

Kurswert: Der Wert, zu dem das Geld im Verkehr tatsächlich genommen bzw. gegeben wird, er findet seinen Ausdruck insbesondere im Verhältnis zu ausländischen Zahlungsmitteln.

II. Die deutsche Währung, die in den letzten Jahrzehnten starken strukturellen Wandlungen unterworfen war und auch gegenwärtig vor einer Reform steht, setzt sich zusammen aus

1. den gesetzlichen Zahlungsmitteln:

a) den Reichsbanknoten (§ 5 des Münzgesetzes v. 30. 8. 1924, RGBl. II, 254),

b) der Alliierten Besatzungsmark, eingeführt durch Befehl der Besatzungsbehörden (vgl. für die sowjetische Zone Befehl Nr. 92 des Obersten Chefs der Sowjetischen Militärverwaltung und Oberbefehlshabers der Gruppe der Sowjetischen Besatzungstruppen in Deutschland; für Berlin Befehl der Alliierten Kommandantur vom 9. 8. 1945, VOBl Groß-Berlin 1945, S. 72);

2. den gesetzlich zugelassenen, aber nicht gesetzlichen Zahlungsmitteln (Verkehrsgeld): den Rentenbankscheinen (VO. über die deutsche Rentenbank vom 15. 10. 1923, RGBl I, 963);

3. den Scheidemünzen, die nur bis zu bestimmten Summen in Zahlung genommen werden müssen (Münzgesetz §§ 5 und 9).

Die Verwendung ausländischer Geldsorten als Zahlungsmittel ist durch die zahlreichen Devisenvorschriften untersagt.

III. 1. Die Geldschuld ist ihrem Wesen nach eine Geldsummenschuld, d. h. der Schuldner ist zur Leistung des Wertes einer bestimmten Summe verpflichtet. Da jedoch die Zahlung durch einzelne Geldzeichen erbracht werden muß, sind die Vorschriften über Gattungsschulden entsprechend anwendbar. Insbesondere gilt § 279: Der Schuldner kann also nicht geltend machen, er habe kein Geld. Auch bei Schwankung zwischen dem Nennwert und dem Kurswert des Geldes bleibt grundsätzlich der Nennwert maßgebend (Nominalismus, im Gegensatz zum Valorismus, der auf den Kurswert abstellt), es sei denn, daß sich aus Treu und Glauben etwas anderes ergibt. Eine derartige Ausnahme hat das Reichsgericht in der berühmt gewordenen Rechtsprechung zur Frage der sog. „Aufwertung" nach der Inflation gemacht (vgl. u. a. RGZ 107, 78 ff.).

2. Eine einfache Geldschuld liegt vor, wenn sich die Parteien einer betreffenden Geldsorte nur als bloßes Ausdrucksmittel bedient haben. Dann können gemäß § 244 in ausländischer Währung ausgedrückte Geldschulden, die im Inland zahlbar sind, in Reichswährung gezahlt werden (sog. unechte Valutaschuld).

3. Eine „uneigentliche" Geldsortenschuld ist gegeben, wenn die Zahlung in einer bestimmten Geldsorte vereinbart ist, z. B. in „Alliiertem Geld". Da diese Schuld ihren Charakter als Wertschuld nicht verloren hat, ist gemäß § 245, wenn die Münzsorte bei Zahlung nicht mehr im Umlauf ist, die Zahlung so zu leisten, wie wenn die Münzsorte nicht bestimmt wäre, d. h. in normalem Währungsgeld.

4. Von einer „eigentlichen" Geldsortenschuld spricht man, wenn die Parteien die Leistung einer bestimmten Geldsorte mit der Maßgabe vereinbart haben, daß lediglich diese Sorte geschuldet werden soll, z. B. Jubiläumsmünzen, die aus einem bestimmten Anlaß geprägt worden sind. Dies ist eine echte Gattungsschuld, und der Schuldner wird von der Leistung frei, wenn die Gattung, aus der er leisten soll, erschöpft ist (§ 279).

5. Schließlich kann ein auf Geld gerichtetes Schuldverhältnis eine Stückschuld darstellen, wenn sich der Schuldner verpflichtet hat, ein bestimmtes Geldstück — z. B. eine wertvolle Münze — zu liefern.

Seit der Zeit nach dem 1. Weltkrieg wurden bei Geldschulden oft sog. Wertsicherungsklauseln vereinbart. Am häufigsten waren neben den Fremdwährungsklauseln die Goldmünz- und Goldwertklausel. Die Goldmünzklausel — d. h. die Vereinbarung zur Zahlung in deutschen Goldmünzen — machte die Schuld zu einer „uneigentlichen" Geldsortenschuld (§ 245). Sie ist heute praktisch bedeutungslos. Bei der Goldwertklausel sollte sich der zu zahlende Geldbetrag nach dem jeweiligen Kurs des deutschen Geldes im Verhältnis zum Golde richten. Meist wurde 1 RM dem Betrag gleichgesetzt, den bei Fälligkeit der Schuld $^{1}/_{2790}$ kg Feingold kostet. Derartige Klauseln haben seit je zu zahlreichen Zweifelsfragen Anlaß gegeben, mit dem sich die Rechtsprechung zu befassen hatte. Auch heute ist ihr Wert wieder sehr problematisch (vgl. auch VO über wertbeständige Rechte vom 16. 11. 1940, RGBl. I, 1521 u. OLG. Kiel in Süddtsch. JurZtg. 1947, S 183)[1]).

§ 6

Die Zinsschuld

Zinsen sind eine Vergütung für die Ueberlassung des Kapitalgebrauchs. Sie bestehen aus gleichartigen Sachen und werden in einem bestimmten Hundertsatz des Kapitals bemessen, der im voraus festgelegt ist und sich nach der Dauer der Ueberlassung richtet:

1. Die Zinsschuld ist Nebenschuld. Sie setzt eine Hauptschuld voraus (Akzessiorität der Zinsschuld). Die Zinsschuld kann ohne die Kapitalsschuld nicht entstehen und sich nach ihrem Erlöschen nicht fortsetzen (Ausnahme § 803). Die Verjährung der Kapitalsschuld erfaßt auch die bis dahin noch nicht bezahlte Zinsschuld (§ 224).

2. Eine einmal entstandene Zinsschuld ist dagegen von der Hauptschuld weitgehend unabhängig. Sie kann selbständig abgetreten, verpfändet und eingeklagt werden, sie unterliegt einer eigenen Verjährung (§ 197), und die Rückzahlung des Kapitals läßt die Zinsschuld unberührt.

3. Von den Zinsen sind zu unterscheiden:

a) die Renten:
Sie sind alleiniger Schuldgegenstand, neben ihnen wird kein Kapital geschuldet;

b) die Amortisationsquoten:
Sie stellen Abschlagszahlungen des Kapitals dar und sind auf dessen allmähliche Tilgung gerichtet;

c) Tantiemen und Dividenden:
Ihre Höhe richtet sich nach dem mit dem Kapital erzielten Gewinn. Sie sind infolgedessen im voraus nicht fest bestimmbar;

d) Miet- und Pachtzinsen:
Sie sind selbst Hauptschulden.

---

1) Vgl. auch Zweigert, Gültigkeit und Unwert von Wertsicherungsklauseln Dtsch. Rechtsztg. 1947, S. 169.

4. Die Begründung der Zinspflicht beruht entweder auf Gesetz oder Vertrag.

a) Gesetzliche Zinsen sind im BGB sehr zahlreich (siehe u. a. §§ 256, 347, 452, 641, 668, 713, 820, 849). Merke: Verzugszinsen (§§ 288—290) und Prozeßzinsen (§ 291). Ihre Höhe beträgt 4% (§ 246), bei beiderseitigen Handelsgeschäften 5% (§ 352 HGB), für Wechsel- und Scheckforderungen bei Rückgriff mindestens 6% (2% über Reichsbankdiskont, RG v. 3. 7. 1925, RGBl. I, 93).

b) Die Höhe der Vertragszinsen kann von den Parteien vereinbart werden; ist dies nicht geschehen, so sind 4% zu zahlen (§ 246) bzw. 5% (§ 352 HGB). Eine Höchstgrenze nach oben besteht nicht, jedoch bietet § 138 einen wirksamen Schutz gegen Bewucherung. Eine allgemeine Herabsetzung der Zinssätze ist durch die Gesetzgebung seit der Notverordnung vom 8. 12. 1931 (Teil 1 Kap. III RGBl. I, 703) eingeleitet worden. Außerdem hat die Rechtsprechung mit Hilfe von § 242 die Herabsetzung vertraglich vereinbarter Zinsen bei erheblichem Fallen des Zinses ermöglicht (RGZ 124, 152).

Ist ein höherer Zins als 6% für das Jahr vereinbart worden, so hat der Schuldner das unabdingbare Recht, nach Ablauf von 6 Monaten mit einer Kündigungsfrist von 6 Monaten das Kapital zu kündigen (§ 247).

Nichtig ist eine im voraus getroffene Vereinbarung, daß fällige Zinsen wieder Zinsen tragen sollen (§ 248 Abs. 1). Die Parteien können aber nach Fälligkeit einer Zinsschuld vereinbaren, daß sie als verzinsliche Schuld stehen bleiben soll.

Eine Ausnahme von dem Verbot der vorherigen Verabredung von Zinseszinsen besteht gemäß § 248 Abs. 2 für Sparkassen, Kreditanstalten und Banken, sowie gemäß § 355 HGB für das Kontokorrentverhältnis.

Bei verzögerter Zinszahlung sind Verzugszinsen nicht zu entrichten, gleichgültig, ob die Zinsschuld auf Gesetz oder Vertrag beruht, jedoch wird dadurch das Recht des Gläubigers auf Schadenersatz nicht ausgeschlossen (§ 289).

§ 7

Die Lehre vom Schadenersatz

Schaden ist jeder Nachteil, den eine Person an ihren Rechtsgütern (Vermögen, Körper, Gesundheit, Leben, Ehre, Kredit, Fortkommen usw.) erleidet. Er stellt sich dar in dem Unterschied zwischen der Güterlage, die durch das Schadenereignis eingetreten ist und der Güterlage, die ohne dieses Ereignis bestehen würde. Der Unterschied zwischen diesen beiden Größen ist das „Interesse", das der Geschädigte an dem Nichteintritt des schädigenden Erfolges hat.

Die Folgen des Schadenfalles hat grundsätzlich derjenige zu tragen, der davon betroffen wird. Eine Verpflichtung zum Schadenersatz, d. h. die Abwälzung des Nachteils auf einen anderen, setzt einen Haftungsgrund sowie ursächlichen Zusammenhang zwischen Haftungsgrund und Schaden voraus.

I. Der Haftungsgrund kann beruhen

1. unmittelbar auf einem Vertrage, der auf Schadenersatz oder Gewährleistung gerichtet ist (z. B. Sachschadensversicherung oder Garantievertrag);

2. unmittelbar auf dem Gesetz.

Schadenersatzpflicht aus unerlaubter Handlung (§§ 823 ff.).

Schadenersatzpflicht wegen unterbliebener oder mangelhafter Erfüllung eines gesetzlichen oder vertraglichen Schuldverhältnisses (z. B. der Vermächtnisnehmer erfüllt nicht die ihm durch das Vermächtnis auferlegten Pflichten §§ 2147 ff., der Mieter macht von der Mietsache einen vertragswidrigen Gebrauch § 550).

Die Haftung kraft Gesetzes setzt im allgemeinen ein Verschulden voraus.

In einigen Fällen reicht jedoch die bloße Veranlassung zur Schadenersatzpflicht aus, wenn dafür ein besonderer Umstand vorliegt. Am wichtigsten ist die Gefährdungshaftung, die an ein rechtmäßiges, aber besonders gefährliches Verhalten anknüpft (Haftung für den Betrieb einer Eisenbahn, § 1 des R.-HaftpflGes, Haftung des Kraftfahrzeughalters, § 7 KfzGes, Haftung des Tierhalters, § 833).

II. Der ursächliche Zusammenhang (Kausalzusammenhang) zwischen Haftungsgrund und Schaden muß „adaequat" sein. Der Schuldner haftet nur für diejenigen Tatsachen und Handlungen, die allgemein und erfahrungsgemäß geeignet sind, einen bestimmten Erfolg herbeizuführen. Negativ ausgedrückt: die Möglichkeit des eingetretenen Erfolges darf nicht von vornherein außerhalb jeder Wahrscheinlichkeit liegen. Meist wird ein positives Tun einen Schaden verursachen, doch kann auch ein Unterlassen ursächlich sein, wenn die Vornahme der Handlung den Schaden verhindert hätte und eine Rechtspflicht zum Handeln bestand.

1. Die Entscheidung, ob der Kausalzusammenhang adaequat ist, muß nach rein objektiven Gesichtspunkten getroffen werden. Es kommt nicht darauf an, ob der Handelnde mit gewissen Umständen rechnete oder rechnen mußte. Der Richter muß sich in die Zeit der Handlung zurückversetzen und alle Umstände berücksichtigen, mit denen nach der Lebenserfahrung zu rechnen war. Die Grenze zwischen adaequatem und nicht adaequatem Kausalzusammenhang ist oft sehr schwierig zu bestimmen und wird letzten Endes von dem Takt des Richters abhängen.

Beispiel: Adaequater Kausalzusammenhang wurde angenommen zwischen dem Umfahren eines Gaskandelabers durch ein Kraftfahrzeug und der Zerstörung eines postalischen Kabels. Als der Kandelaber umgerissen wurde, stieß dessen Fuß gegen die Stirnwandmauer des Schachtes. Dadurch entstand ein Mauerriß, durch den das unter starkem Druck befindliche Gas eindrang, sich entzündete und das Kabel verbrannte. (Vgl. RGZ 168, 88).

2. Auch wenn der Schaden erst durch einen weiteren Umstand eintritt, der zu dem ursprünglichen Ereignis nachträglich hinzukommt (sog. mittelbarer Schaden), kann adaequater Kausalzusammenhang gegeben sein.

Beispiel: Durch einen Unfall hatte der Verletzte ein Bein verloren. Infolge des Tragens einer Prothese war eine geringere Standfestigkeit eingetreten. Der nunmehr erfolgte Sturz mit seinen Folgen sind Ursachen des früheren Unfalls (RGZ 119, 204).

Ein adaequater Kausalzusammenhang ist jedoch nicht gegeben, wenn ein weiteres Ereignis dergestalt eintritt, daß die Schadensursache nicht mehr in dem ersten Ereignis gesehen werden kann (sog. Unterbrechung des Kausalzusammenhangs).

Beispiel: Der Arzt behandelt den Verletzten gegen alle Regeln der ärztlichen Kunst und der Patient stirbt daran. Dann haftet nur der Arzt.

3. Führen zwei Ereignisse durch ihr Zusammenwirken ein Schaden herbei, so sind beide ursächlich.

Beispiel: Der Lieferant eines Fahrstuhls ist für seine Betriebssicherheit auch dann haftbar, wenn der Käufer den Fahrstuhl entgegen einer polizeilichen Vorschrift in Betrieb nimmt (RGZ 69, 58).

4. Der ursächliche Zusammenhang wird nicht dadurch ausgeschlossen, daß der Schaden später ohnedies eingetreten wäre.

Beispiel: Wer für veruntreute Gelder Ersatz leisten muß, kann nicht einwenden, der Geschädigte würde, wenn die Gelder vereinbarungsgemäß bei einer Bank angelegt worden wären, infolge der Kontensperre nichts erhalten haben.

III. Die Art und Weise des Schadenersatzes.

1. Die Schadenersatzleistung hat nach BGB grundsätzlich in der Herstellung des Zustandes zu erfolgen, der bestehen würde, wenn der zum Ersatz verpflichtende Umstand nicht eingetreten wäre (§ 249). (Prinzip der Naturalrestitution im Gegensatz zum Prinzip des reinen Geldersatzes.) Der herzustellende Zustand muß zumindest wirtschaftlich dem früheren entsprechen.

2. Der Schuldner muß jedoch Geldentschädigung leisten:

a) wenn der Gläubiger bei Beschädigung einer Sache oder Verletzung einer Person statt der Wiederherstellung Geldersatz wählt (§ 249 Satz 2);

b) wenn der Gläubiger dem Schuldner eine Frist mit der Erklärung gesetzt hat, daß er nach deren Ablauf die Herstellung ablehnt. Der Gläubiger kann dann n u r Geldersatz verlangen, der Anspruch auf Herstellung ist ausgeschlossen (§ 250);

c) soweit die Herstellung nicht möglich oder zur Entschädigung des Gläubigers nicht genügend ist (§ 251, Absatz 1).

Beispiel: Die Erwerbsfähigkeit des Verletzten ist durch die schädigende Handlung gemindert. Er kann als Ausgleich eine Geldrente verlangen (vgl. RGZ 80, 28).

3. Der Schuldner ist zur Geldentschädigung berechtigt, wenn die Herstellung nur mit unverhältnismäßigen Aufwendungen möglich ist (§ 251, Absatz 2).

Beispiel: Die Reparatur einer alten Maschine würde weit mehr kosten als die Anschaffung einer neuen.

4. Der Grundsatz der Naturalherstellung gilt auch für den Ersatz des immateriellen Schadens, soweit dies möglich ist.

Beispiel: Klage auf Widerruf dauernd schädigender Beleidigungen (sog. Beseitigungs- oder wiederherstellende Unterlassungsklage), in soweit diese einen dauernden Zustand der Beeinträchtigung geschaffen haben.

Geldersatz kann jedoch nur in den durch das Gesetz ausdrücklich bestimmten Fällen gefordert werden (§ 253, vgl. § 847 u. § 1300).

5. Gegenwartsfragen des Schadenersatzrechts.

Unter den gegenwärtigen Zeitumständen ist das Verhältnis von Naturalherstellung und Geldersatz zum Kernproblem des Schadenersatzrechts geworden.

Beispiel: Einer Wäscherei werden Kleidungsstücke zur Reinigung übergeben. Diese kommen durch Verschulden des Inhabers der Wäscherei oder eines seiner Angestellten abhanden. Einem Entleiher eines Fahrrades wird das Rad durch mangelnde Aufsicht gestohlen.

Auf Schadenersatz in Anspruch genommen erklären sich die Ersatzpflichtigen gemäß § 251 bereit, nach dem Preisstop Geldersatz zu leisten. Die Ersatzberechtigten wenden ein, sie können damit ihren Schaden nicht beseitigen, da sie keine Bezugscheine bekommen. Auch könne ihnen nicht zugemutet werden, sich auf dem „Schwarzen Markt" Ersatz zu beschaffen, außerdem sei der angebotene Geldbetrag dazu viel zu niedrig.

Jeder Versuch einer Lösung dieser Frage muß berücksichtigen, daß § 251 lediglich eine zweitrangige Hilfsvorschrift darstellt, welche die grundsätzliche Vertretbarkeit der Handlung durch Geldersatz voraussetzt. Da dies heute meist nicht der Fall ist, sind an die Befugnisse des Schädigers, statt Herstellung Geldersatz zu leisten, besonders strenge Anforderungen zu stellen. Hat der Schädiger eine gleichwertige Sache in seinem Besitz, so wird deren Herausgabe von ihm immer verlangt werden können, sofern er nicht nachweist, daß die Herausgabe dieses Gegenstandes ihm einen unverhältnismäßig höheren Schaden zufügen würde, als der Geschädigte durch die schädigende Handlung selbst erlitten hat. Dieser Nachweis wird im allgemeinen nur dann erbringbar sein, wenn es sich um unpfändbare Gegenstände handelt (§§ 811 ff. ZPO). Besitzt der Schädiger dagegen keinen gleichwertigen Gegenstand, so ist dem Geschädigten häufig mit der urteilsmäßigen Festlegung seines auf Herstellung gehenden Anspruches gedient, den er später vollstrecken kann. Darüber hinaus erscheint es besonders im

2*

Hinblick auf das gegenwärtige Vollstreckungsrecht zweifelhaft, ob dem Geschädigten ein Zugriff in die Sachwerte des Schädigers auf andere, nicht gleichwertige Gegenstände gestattet oder vom Schädiger sogar ein Zwang zum Tausch verlangt werden kann[1]).

IV. Der Umfang des Schadenersatzes.

A. Allgemeines.

Da sich die Frage der Ersatzpflicht im allgemeinen mit dem Kausalzusammenhang deckt, ist grundsätzlich der Schaden insoweit zu ersetzen, als er mit dem die Ersatzpflicht begründenden Ereignis in Kausalzusammenhang steht.

Zu ersetzen ist daher:

1. Das volle „Interesse" des Geschädigten, der Wert, den die Sache gerade für ihn hatte, und nicht bloß der gemeine — objektive — Marktwert der zerstörten Sache.

Nur zum Ersatz des gemeinen Wertes sind verpflichtet die Post, während Frachtführer und Verfrachter nur den gemeinen Handelswert ersetzen müssen (§§ 430, 457 HGB).

Daraus ergibt sich, daß in der gegenwärtigen Zeit der Sachverknappung auch Ersatz für die Entbehrung der Sachnutzung gefordert werden kann, wenn diese Entbehrung als Folge des schädigenden Ereignisses eingetreten ist. Nicht zu berücksichtigen ist aber der bloße Liebhaberwert.

2. Der entgangene Gewinn, der nach dem gewöhnlichen Lauf der Dinge oder nach den besonderen Umständen, insbesondere nach den getroffenen Anstalten und Vorkehrungen, mit Wahrscheinlichkeit erwartet werden konnte (§ 252).

Beispiel: Der Gewinn, den ein Nichtberechtigter durch eine Patentverletzung mit dem Gegenstand erzielt hat (RGZ 95, 211).

Unterscheide von 1 und 2: Positives und negatives Interesse. Wird ein Schadenersatzanspruch aus einem Geschäftsabschluß abgeleitet, so kann der Gläubiger das positive oder Erfüllungsinteresse geltend machen, wenn es sich um den Schaden handelt, der durch die Nichterfüllung oder Schlechterfüllung eingetreten ist. Der Gläubiger muß so gestellt werden, wie er gestanden hätte, wenn der Schuldner ordnungsgemäß erfüllt hätte (Schadenersatz wegen Nichterfüllung, siehe Seite 57). Liegt jedoch das schädigende Ereignis darin, daß der Gläubiger auf die Gültigkeit eines Vertrages vertraut hatte, der in Wahrheit unwirksam ist, so kann er das negative Interesse beanspruchen. Er kann verlangen, so gestellt zu werden, als ob das Geschäft nie zustande gekommen wäre. Das negative Interesse wird im allgemeinen durch das Erfüllungsinteresse begrenzt (vgl. §§ 122, 179 Abs. 2, 307 Abs. 1 Satz 1).

---

1) Vgl. Leonhard in „Südd. Jur.-Ztg." 1946, S. 168 und Dittmar a. a. O., S. 218, LG Oldenburg und LG Hamburg a. a. O., S. 179 u. AG Hamburg a. a. O., S. 180, Brüns a. a. O. 1947, S. 301.

Beispiel: Weigert sich der Verkäufer grundlos, die verkaufte Ware zu liefern, so kann der Käufer den vollen Schadenersatz beanspruchen. Dieser besteht in dem Unterschied zwischen der Vermögenslage, in der der Käufer sein würde, wenn der Verkäufer richtig geliefert hätte, und der Lage, in die er durch die Nichterfüllung geraten ist (positives Interesse). Ficht dagegen der Verkäufer den Kaufvertrag wegen Irrtums an (§ 119 Abs. 1), so kann der Käufer nur den Schaden verlangen, der ihm dadurch entstanden ist, daß er das Geschäft für gültig hielt, z. B. Mehraufwendungen, die durch späteren anderweitigen Einkauf zu höheren Preisen entstanden sind (negatives Interesse).

B. Geltendmachung des Drittschadens.

Der zu ersetzende Schaden muß grundsätzlich den Verletzten selbst oder sein Vermögen betroffen haben. Der nur mittelbar Geschädigte hat den Ersatzanspruch regelmäßig nicht (Ausnahme § 844 Abs. 2 und § 845).

Beispiel: Kein Ersatzanspruch des Arbeitgebers, wenn einer seiner Arbeitnehmer durch einen Dritten verletzt wird und ihm daher dessen Dienste ausfallen.

In gewissen Fällen kann jedoch der unmittelbar Betroffene den Schaden geltend machen, den der mittelbar Geschädigte erlitten hat (sog. Geltendmachung des Drittschadens).

Beispiel: Schließt jemand von vornherein im eigenen Namen für fremde Rechnung einen Vertrag — etwa als Spediteur, Frachtführer oder Kommissionär —, so kann er gegenüber dem Schädiger den Schaden des Geschäftsherrn geltend machen.

In diesen Fällen fallen der wirtschaftlich Geschädigte und der aus dem Vertrag Berechtigte auseinander. Die Abgrenzung dieser Fälle gehört zu den schwierigsten Fragen des Schadenersatzrechtes.

C. Vorteilsausgleichung.

1. Durch den Schadenersatz soll der Geschädigte nicht schlechter, aber auch nicht besser gestellt werden, als es ohne das schädigende Ereignis der Fall sein würde. Hat daher das schädigende Ereignis auch Vorteile gebracht, so ist der Vorteil auf die Ersatzleistung anzurechnen.

Schaden und Vorteil brauchen dabei nicht aus demselben Ereignis hervorzugehen, sondern es genügt, „daß Schaden und Vorteil aus mehreren der äußeren Erscheinung nach selbständigen Ereignissen fließen, sofern nur nach dem natürlichen Ablauf der Dinge das schädigende Ereignis allgemein geeignet ist, derartige Vorteile mit sich zu bringen und der Zusammenhang nicht so lose ist, daß er nach vernünftiger Auffassung nicht mehr beachtet werden kann" (vgl. RGZ 146, 278).

Anzurechnen sind daher auf den Entschädigungsanspruch des Verletzten die Leistungen einer vom Schädiger abgeschlossenen Versicherung und nach der Rechtsprechung des Reichsgerichts auch die gesetzlichen Pensionsansprüche, nicht dagegen die Leistungen, die auf einem Versicherungsvertrage beruhen, den der Geschädigte selbst abgeschlossen hat. Denn diese gehen auf ein vom Unfall unabhängiges Vertragsverhältnis zurück und sind durch die Prämienzahlung erkauft. Neuerdings hat die Rechtsprechung den Kreis der anrechnungsfähigen Versicherungen immer mehr eingeschränkt. So ist auch die von einem Arbeitgeber für seine Arbeitnehmer abgeschlossene Unfallversicherung nicht anrechenbar (vgl. RGZ 146, 289 im Gegensatz zu RGZ 70, 101).

2. Schadenersatz für den Verlust einer Sache und eines Rechtes braucht nur Zug um Zug gegen Abtretung der Ansprüche geleistet zu werden, die dem Ersatzberechtigten auf Grund des Eigentums an der Sache oder auf Grund des Rechts gegen Dritte zustehen (§ 255).

Beispiel: Wird ein entliehener Kraftwagen dem Entleiher infolge mangelnder Aufsicht gestohlen, so braucht er dem Verleiher Schadenersatz nur gegen Abtretung der Ansprüche gegen den Dieb zu leisten.

D. Mitverschulden.

Eine Minderung des Schadenersatzes tritt ein, wenn den Ersatzberechtigten ein Mitverschulden trifft. Dies ist nach § 254 der Fall, wenn der Ersatzberechtigte selbst den Schaden mitverursacht hat (1), wenn er es unterlassen hat, einen ohne seine Mitwirkung entstandenen Schaden abzuwenden oder zu mindern (2), oder wenn er es versäumt hat, den Schuldner auf die Gefahr eines ungewöhnlich hohen Schadens aufmerksam zu machen, die dieser weder kannte noch kennen mußte (3).

Beispiel:

1. Ein Fußgänger, der an einer verbotenen Stelle die Straße überschreitet, wird von einem zu schnell fahrenden Kraftfahrer angefahren.
2. Der Verletzte tut nicht alles, was in seiner Kraft steht, um die Heilung zu erreichen. Er zieht z. B. keinen Arzt zu, oder weigert sich, eine Operation vornehmen zu lassen, die gefahrlos und wenig schmerzhaft sein und für deren Kosten der Verletzte einstehen würde.
3. Der Kunde einer Bank, der einen Ueberweisungsauftrag erteilt, versäumt es, der Bank mitzuteilen, daß die Überweisung sofort erfolgen müsse, andernfalls ein sehr hoher Schaden entsteht. Die Bank verzögert die Ausführung des Auftrages um einige Tage.

1. Das mitwirkende Verhalten des Geschädigten muß schuldhaft sein, der Geschädigte muß also zurechnungsfähig sein.

Merke: §§ 827, 828 sind entsprechend anzuwenden, ebenso nach richtiger Auffassung auch § 829.

2. Auch das Verschulden Dritter — des gesetzlichen Vertreters und der Erfüllungsgehilfen (vgl. Seite 36) — muß sich der Geschädigte unter Umständen anrechnen lassen (§ 254 Abs. 2 Satz 2, § 278).

a) Der Verletzte muß das schuldhafte Verhalten seines gesetzlichen Vertreters und des Erfüllungsgehilfen nach § 278 unbeschränkt gegen sich gelten lassen, wenn die Schadensverursachung durch den Schädiger in einem bestehenden Vertragsverhältnis erfolgt ist.

Beispiel: Wie oben 3.

Der Kunde hat als Vormund seines Mündels gehandelt. Das Mündel muß sich das Verschulden des Vormundes anrechnen lassen.

b) Hat jedoch außerhalb einer bestehenden Verbindlichkeit bei Entstehung des Schadens ein Verschulden von Hilfspersonen mitgewirkt, so hat der Geschädigte nur im Rahmen von § 831 dafür einzustehen.

Beispiel: Der bei einem Fahrzeugzusammenstoß verletzte Insasse braucht sich das mitverursachende Verschulden seines Fahrers nicht entgegenhalten zu lassen, wenn er den Entlastungsbeweis gemäß § 831 führen kann, also nachweist, daß er seinen Fahrer ordnungsgemäß ausgesucht und überwacht hat (vgl. RGZ 77, 211).

Mit dem Eintritt des schädigenden Ereignisses wird jedoch eine gesetzliche Verbindlichkeit für den Verletzten begründet, in deren Rahmen der Ersatzberechtigte für ein Verschulden von Hilfspersonen gemäß § 278 — also ohne die Möglichkeit eines Entlastungsbeweises — haftet.

Beispiel: Der bei einem Unfall verletzte Minderjährige muß für das Verschulden seines gesetzlichen Vertreters einstehen, der es verabsäumt hat, an dem Minderjährigen eine Operation vornehmen zu lassen.

c) Der Geschädigte muß sich auch sein Verschulden gegenüber der Gefährdungshaftung anrechnen lassen.

Beispiel: Der von einem Hund gebissene Passant muß sich gegenüber seinen Ansprüchen an den Halter des Hundes (§ 833) entgegenhalten lassen, daß er den Hund gereizt hat.

Eine schuldlose Mitverursachung des Geschädigten, z. B. auf Grund einer von ihm zu vertretenden Betriebsgefahr, genügt zur Anwendung des § 254 nur, wenn auch der Schädiger ohne Verschulden haftet.

Beispiel: Ein Kraftfahrzeug wird durch ein anderes Kraftfahrzeug angefahren und beschädigt, ohne daß dem Fahrer des anfahrenden Fahrzeuges ein Verschulden trifft. Dann muß sich der Halter des geschädigten Fahrzeuges gegenüber dem Ersatzanspruch an den Schädiger seine gemäß § 7 KfzGes zu vertretende Betriebsgefahr anrechnen lassen. Er braucht dies jedoch nicht, wenn der Schaden durch ein Verschulden des Fahrers des anfahrenden Fahrzeuges herbeigeführt worden ist.

3. Maßgebend für die Verteilung des Schadens sind die Umstände, insbesondere inwieweit der Schaden vorwiegend von dem einen oder anderen Teil verursacht ist (§ 254 Abs. 1). Der Richter kann nach seinem Ermessen den Ersatzanspruch ganz oder nur teilweise anerkennen oder ihn sogar ganz abweisen. Es entscheidet in erster Linie die vorwiegende Verursachung, in zweiter Linie die Schwere des beiderseitigen Verschuldens, wobei meist Fahrlässigkeit durch Vorsatz ausgeschlossen sein wird.

E. Verfahrensrechtliches.

Die Beweislast für das schädigende Handeln hat der Geschädigte. Es wird sich jedoch oft darauf beschränken können, typische Geschehensabläufe anzuführen, die nach den Erfahrungen des Lebens ein Verschulden des Schädigers und ursächlichen Zusammenhang zwischen Handeln und Enderfolg ergeben (sog. Beweis des ersten Anscheins oder prima facie-Beweis). Sache des Gegners des Beweispflichtigen muß es dann sein, seinerseits Tatsachen nachzuweisen, die ein Entstehen des Schadens ohne sein Verschulden erklärlich sein lassen.

Die Beweisführung wird dem Geschädigten aber auch durch § 287 ZPO erleichtert, wonach das Gericht nach freier Ueberzeugung über Entstehung und Höhe des Schadens entscheiden kann.

Schließlich kann der Geschädigte unter Umständen statt des tatsächlich im Einzelfall entstandenen — konkreten — Schadens auch den mutmaßlich erlittenen — abstrakten — Schaden einklagen. Dies gilt besonders im Handelsverkehr, wenn eine Ware, die einen Börsen- oder Marktpreis hat, nicht geliefert wird. Hier kann der Käufer den Ueberschuß des Marktpreises gegenüber dem Vertragspreis fordern, ohne dartun zu müssen, daß er Gelegenheit hatte, die Ware zu dem höheren Preise zu verkaufen.

Die Beweislast für ein Mitverschulden des Geschädigten hat der Ersatzpflichtige. Das Vorbringen ist eine Einwendung, die von Amts wegen zu berücksichtigen ist (bestr.).

§ 8
Wahlschulden

1. Eine Wahlschuld ist gegeben, wenn mehrere Leistungen in der Weise geschuldet werden, daß nur die eine oder andere Leistung zu bewirken ist (§ 262).

Beispiel: Der Gast eines Restaurants, der ein „Gedeck" bestellt, hat die Wahl zwischen mehreren Gerichten. Gesetzlicher Fall einer Wahlschuld § 179: Der auftraglose Vertreter ist nach Wahl des anderen Teils zur Erfüllung oder Schadenersatz verpflichtet.

Ist über das Wahlrecht nichts bestimmt, so steht es im Zweifel dem Schuldner zu.

2. Die Ausübung des Wahlrechts erfolgt durch einseitige empfangsbedürftige und unwiderrufliche Willenserklärung. Sie bewirkt, daß die gewählte Leistung als die von Anfang an allein geschuldete gilt (§ 263).

Die Wahlerklärung bewirkt also „die Konzentration" des Schuldverhältnisses auf einen bestimmten Gegenstand. Das hat zur Folge, daß eine jetzt eintretende Unmöglichkeit keine Partei berechtigt, einseitig auf einen nicht gewählten Gegenstand zurückzugreifen.

3. Verzug des Wahlberechtigten.

a) Kommt der Gläubiger mit der Wahl in Verzug, so geht das Wahlrecht auf den Schuldner über, wenn er dem Gläubiger eine angemessene Frist zur Vornahme der Wahl gestellt hat und diese fruchtlos verstrichen ist (§ 264 Abs. 2).

b) Kommt der Schuldner mit der Wahl in Verzug, so muß der Gläubiger auf Bewirkung der einen oder anderen Leistung nach Wahl des Schuldners klagen. Auf Grund des Urteils kann er dann die Vollstreckung in einen Gegenstand nach seiner Wahl richten. Solange der Gläubiger die von ihm gewählte Leistung noch nicht empfangen hat, kann der Schuldner sein Wahlrecht noch ausüben. Dies geht dann aber nur noch durch Leistung, nicht mehr durch bloße Erklärung (§ 264 Abs. 1).

4. Unmöglichkeit vor Ausübung des Wahlrechts.

Ist eine der Leistungen von Anfang an unmöglich oder wird sie später unmöglich, so beschränkt sich das Schuldverhältnis auf die übrigen Leistungen (§ 265 Satz 1).

Der Wahlberechtigte darf seine Wahl also nicht auf die unmögliche Leistung richten.

Beispiel: Hat sich ein Antiquitätenhändler (Schuldner) verpflichtet, nach seiner Wahl eine weiße oder blaue Vase zu liefern und geht die weiße Vase vor Ausübung des Wahlrechts, gleichgültig, ob mit oder ohne sein Verschulden, entzwei, so muß er die blaue Vase liefern.

Die Beschränkung tritt jedoch nicht ein, wenn die Leistung infolge eines Umstandes unmöglich wird, den der nicht wahlberechtigte Teil zu vertreten hat (§ 265 Satz 2).

a) Hat der Schuldner die Unmöglichkeit zu vertreten und ist der Gläubiger wahlberechtigt, so kann dieser zwischen der noch möglichen Leistung und Schadenersatz für die unmögliche Leistung wählen.

Beispiel: Hat der Käufer die Wahl zwischen der blauen und der weißen Vase und geht die weiße Vase vor Ausübung des Wahlrechts durch ein Verschulden des Händlers entzwei, so kann der Käufer die weiße Vase oder Schadenersatz wegen Nichterfüllung wegen der blauen Vase verlangen.

b) Hat der Gläubiger die Unmöglichkeit zu vertreten und ist der Schuldner wahlberechtigt, so wird dieser bei Wahl der unmöglichen Leistung frei. Der Schuldner kann aber auch die noch mögliche Leistung bewirken und wegen der anderen Leistung Schadenersatz verlangen.

Beispiel: Hat der Händler die Wahl und geht die weiße Vase vor Ausübung des Wahlrechts durch ein Verschulden des Käufers entzwei, so kann sich der Händler auch noch für diese Vase entscheiden. Damit ist er dann von seiner Leistungspflicht frei (§ 275). Er kann aber auch die blaue Vase wählen und für die weiße Schadenersatz verlangen.

5. Ersetzungsbefugnis.

Von der Wahlschuld ist die Ersetzungsbefugnis (facultas alternativa) zu unterscheiden. Auch hier ist der einen Partei eine Wahlbefugnis eingeräumt, im Gegensatz zur Wahlschuld bildet die eine Leistung jedoch den eigentlichen Inhalt des Schuldverhältnisses, und der Schuldner oder Gläubiger hat nur die Befugnis, diese Leistung durch eine andere zu ersetzen. Diese Befugnis kann kraft Vertrages oder Gesetzes bestehen.

Beispiel: Ersetzungsbefugnis zu Gunsten des Gläubigers § 249 Satz 2: Der Gläubiger kann statt der Herstellung den erforderlichen Geldbetrag verlangen.

Ersetzungsbefugnis zu Gunsten des Schuldners § 251 Abs. 1: Der Schuldner hat die Befugnis, anstelle der Herstellung den Wertersatz zu leisten.

Der Unterschied zwischen Wahlschuld und Ersetzungsbefugnis bedingt, daß die Vorschriften der Wahlschuld über Unmöglichkeit, das Wahlrecht und den Verzug des Wahlberechtigten nicht anwendbar sind.

§ 9
Nebenverpflichtungen

Die in diesem Abschnitt behandelten Nebenverpflichtungen werden in den §§ 256 bis 261 nur hinsichtlich ihres Umfanges geregelt. Ueber ihre Entstehung hat das BGB jeweils bei den einzelnen Rechtsverhältnissen die notwendigen Bestimmungen getroffen.

1. Ersatz von Aufwendungen.

Eine Aufwendung ist die freiwillige Aufopferung von Vermögenswerten zur Erreichung bestimmter Zwecke. Wer Aufwendungen für einen anderen gemacht hat, ist meist ersatzberechtigt (vgl. Ansprüche des Beauftragten § 670, des Geschäftsführers ohne Auftrag § 683 und des Besitzers §§ 994 ff.).

Für den Ersatz dieser Aufwendungen gilt:

a) Der aufgewendete Geldbetrag oder bei anderen Gegenständen deren Wert ist von der Zeit der Aufwendung an zu verzinsen. Eine Ausnahme gilt für Aufwendungen, die auf einen Gegenstand gemacht sind, der dem Ersatzpflichtigen herauszugeben ist. Dann sind keine Zinsen für die Zeit zu entrichten, für die dem Ersatzberechtigten die Nutzungen des Gegenstandes ohne Vergütung verbleiben. Denn er hat in den von ihm gezogenen Nutzungen einen ausreichenden Ersatz für die Zinsen (§ 256).

b) Bestand die Aufwendung in der Eingehung einer Verbindlichkeit, so besteht der Aufwendungsersatz in der Befreiung von dieser Verbindlichkeit. Ist die Verbindlichkeit noch nicht fällig, so genügt Sicherheitsleistung (§ 257).

Beispiel: Wer als Geschäftsführer ohne Auftrag für einen abwesenden Hauseigentümer mit einem Maurer einen Vertrag über Ausbesserung von dessen bombengeschädigtem Haus schließt, kann von dem Eigentümer Befreiung von der Verbindlichkeit verlangen (§ 683).

2. Wegnahmerecht.

Wer die Befugnis hat, von einer herauszugebenden Sache eine Einrichtung wegzunehmen (Wegnahmerecht), muß die Sache auf seine Kosten in den vorigen Stand setzen. Ist er nicht mehr in Besitz der Sache, so muß der Berechtigte die Wegnahme dulden, kann jedoch vorherige Sicherheitsleistung verlangen (§ 258).

Beispiel: Ein Wegnahmerecht haben der Mieter (§ 547 Abs. 2), der Pächter (§ 581 Abs. 2), der Entleiher (§ 601 Abs. 2), der Besitzer gegenüber dem Herausgabeanspruch des Eigentümers (§ 997 Abs. 1), der Nießbraucher (§ 1049 Abs. 2), der Pfandgläubiger (§ 1216) und der Vorerbe (§ 2125).

Unter Einrichtung ist jede Sache zu verstehen, die einer anderen — der Hauptsache — hinzugefügt wird, z. B. in Wohnräumen Oefen, Beleuchtungsanlagen, Fenster, zeitbedingt auch Fensterscheiben, in Gärten Blumen.

Es ist unerheblich, ob es sich dabei um wesentliche Bestandteile handelt (vgl. §§ 93 f.).

3. Rechnungslegung, Bestandsverzeichnis.

a) Die Pflicht zur Rechnungslegung umfaßt die Abgabe einer geordneten Zusammenstellung von Einnahmen und Ausgaben. Soweit Belege üblicherweise gegeben werden, sind sie vorzulegen (§ 259 Abs. 1).

Auch sie ist in zahlreichen Einzelvorschriften des BGB angeordnet, so für den Beauftragten (§ 666), den geschäftsführenden Gesellschafter (§ 713) und den Ehemann (§ 1421). Daraus ist gefolgert, daß jeder rechenschaftspflichtig ist, der fremde Angelegenheiten besorgt oder solche, die zugleich fremde und eigene sind.

b) Die Pflicht zur Vorlage eines Bestandsverzeichnisses besteht, wenn ein Inbegriff von Gegenständen herausgegeben werden muß oder über seinen Bestand Auskunft erteilt werden muß (§ 260 Abs. 1).

Gesetzliche Fälle, z. B. für den Ehemann nach § 1421 (Herausgabe) und § 1374 (Auskunft). Auskunftspflicht häufig im Erbrecht (§§ 2027, 2028, 2314) und überall dort, „wo der Berechtigte entschuldbar über Bestehen und Umfang des Rechts ungewiß ist, der Verpflichtete aber die Auskunft unschwer erteilen kann" (vgl. RGZ 158, 379).

c) Besteht Grund zu der Annahme, daß die Rechnungslegung oder die Aufstellung des Bestandsverzeichnisses mit mangelnder Sorgfalt erfolgt ist, so hat der Verpflichtete den Offenbarungseid dahin zu leisten, daß er nach bestem Wissen und Gewissen die Einnahmen bzw. den Bestand so vollständig angegeben hat, als er dazu imstande war (§ 259 Abs. 2 und 3, § 260 Abs. 2 und 3).

Leistet der Eidespflichtige den Eid freiwillig, so ist das Amtsgericht des Erfüllungsortes zuständig (§§ 163, 79 FGG), mußte aber auf Leistung des Eides geklagt werden, so erfolgt die Eidesleistung vor dem Prozeßgericht erster Instanz (§§ 888, 889 ZPO).

Praktisch bedeutungsvoll ist in diesem Zusammenhange § 254 ZPO (Stufenklage), die aus Gründen der Prozeßersparnis eine Verbindung der Ansprüche auf Rechnungslegung bzw. Abgabe eines Bestandsverzeichnisses, auf Leistung des Offenbarungseides und auf Herausgabe des Geschuldeten ermöglicht.

III. Art und Weise der Leistung

§ 10

Leistungen durch Dritte, Ablösungsrecht

I. Leistungen durch Dritte.

1. Der Schuldner ist im allgemeinen nicht verpflichtet, die Leistung in Person zu bewirken. Er muß jedoch selbst leisten, wenn die Natur des Schuldverhältnisses eine Leistung durch Dritte ausschließt.

Dies gilt im Zweifel für den Dienstverpflichteten (§ 613), den Beauftragten (§ 664), den geschäftsführenden Gesellschafter (§ 713) und den Verwahrer (§ 691).

2. In allen anderen Fällen kann auch ein Dritter die Leistung bewirken (§ 267 Abs. 1). Der Gläubiger kommt also in Annahmeverzug, wenn er die Leistung des Dritten ablehnt. Nur wenn der Schuldner der Leistung durch den Dritten ausdrücklich widersprochen hat, ist der Gläubiger zur Ablehnung berechtigt (§ 267 Abs. 2).

3. Der Dritte kann nur die Leistung erbringen, zu einem Erfüllungsersatz (Aufrechnung, Hinterlegung, Leistung an Erfüllungsstatt) ist er nicht berechtigt.

4. Durch die Leistung des Dritten erlischt die Forderung des Gläubigers. Der Rückgriff des Dritten auf den Schuldner bestimmt sich nach dem Rechtsverhältnis zwischen beiden (z. B. Auftrag, Geschäftsführung ohne Auftrag, ungerechtfertigte Bereicherung).

II. Ablösungsrecht.

1. Ein eigenes, selbständiges Recht auf Befriedigung des Gläubigers auch gegen den Willen des Schuldners hat jeder, der Gefahr läuft, durch die vom Gläubiger begonnene Zwangsvollstreckung ein (dingliches) Recht oder den Besitz an einer Sache des Schuldners zu verlieren (§ 268 Abs. 1).

Beispiel: Befürchtet der an zweiter Stelle eingetragene Hypothekengläubiger, bei einer vom ersten Hypothekengläubiger betriebenen Zwangsversteigerung mit seiner Hypothek auszufallen, so kann er den ersten Hypothekengläubiger befriedigen (§ 1150). Dasselbe Recht haben auch die Mieter, da der Ersteher in der Zwangsversteigerung des Grundstücks gemäß § 57a ZVG zur vorzeitigen Kündigung berechtigt ist.

2. Das Ablösungsrecht kann der Dritte auch durch Aufrechnung und, wenn die Voraussetzungen dafür vorliegen, durch Hinterlegung ausüben (§ 268 Abs. 2).

3. Soweit der Dritte den Gläubiger befriedigt, geht die Forderung auf ihn über. Der Uebergang kann nicht zum Nachteil des Gläubigers geltend gemacht werden (§ 268 Abs. 3).

Beispiel: Hat der Dritte die Hypothekenzinsen bezahlt, so kann er bei einer späteren Zwangsversteigerung die Zinsen erst geltend machen, nachdem der Hypothekengläubiger mit seinem Kapital befriedigt ist (vgl. RGZ 131, 325 u. 136, 43).

§ 11
Der Leistungsort

1. Der Leistungsort (in der ZPO: Erfüllungsort) ist derjenige Ort, an dem der Schuldner die Leistungshandlung vorzunehmen hat. Davon zu unterscheiden ist der Ort, an dem der Gläubiger die Leistung bekommen soll (Bestimmungs- oder Ablieferungsort). Beide Orte decken sich vielfach:

a) Bei den Holschulden ist Leistungsort und Ablieferungsort der Wohnsitz des Schuldners. Dort hat der Gläubiger die Leistung abzuholen. Gemäß § 268 Abs. 1 sind im Zweifel alle Schulden Holschulden.

b) Bei den Bringschulden ist Leistungs- und Ablieferungsort der Wohnsitz des Gläubigers. Dorthin muß der Schuldner die Leistung bringen.

Beispiel: Bezug einer Zeitung im Hausabonnement.

c) Bei den Schickschulden ist der Leistungsort beim Schuldner. Dieser ist jedoch verpflichtet, den Leistungsgegenstand an den Gläubiger abzusenden. Leistungs- und Ablieferungsort fallen also hier auseinander.

2. Der Leistungsort ist mittelbar in mehrfacher Hinsicht von Bedeutung: Er begründet bei Verträgen einen besonderen Gerichtsstand (§ 29 ZPO). Es ist maßgebend für die Feststellung der Verkehrssitte, des Geschäftsgebrauchs oder sonstiger Vertragsauslegung (vgl. § 361 HGB) und von Bedeutung für das anwendbare Recht im internationalen Verkehr.

3. Der Leistungsort wird bestimmt:

a) Durch ausdrückliche Vereinbarung der Parteien.

Stillschweigende Vereinbarung wird angenommen, wenn vor Abschluß Preislisten und Geschäftsbedingungen übersandt werden und der Empfänger auf die darin enthaltene Bestimmung schweigt. Dem steht die Uebersendung eines Bestätigungsschreibens nach Vertragsabschluß gleich, wenn dieses Schreiben unwidersprochen bleibt. Nicht dagegen genügt die einseitige Erklärung nach Vertragsabschluß, z. B. auf einer Rechnung.

b) Durch gesetzliche Vorschrift.

Beispiel: Rückgabe der verwahrten Sachen am Verwahrungsort (§ 697), Vorlage von Sachen, wo sie sich befinden (§ 811), Zahlung von Grundschulden am Orte des Grundbuchamtes (§ 1194).

c) Durch die Umstände, insbesondere die Natur des Schuldverhältnisses.

Beispiel: Für die Lohnzahlung ist Leistungsort die Arbeitsstätte, für Ladeneinkäufe das Ladengeschäft, für die Mietszahlung jedoch nicht notwendig der Ort des Mietgrundstückes (vgl. RGZ 140, 69).

Die Uebernahme der Versendungskosten (und der Transportgefahr, RGZ 114, 408) ändert nichts am Leistungsort (§ 269 Abs. 3).

Bei gegenseitigen Verträgen muß der Leistungsort für jede Leistung gesondert bestimmt werden. Doch wird von der Rechtsprechung häufig ein gemeinsamer Leistungsort angenommen. So wird bei Rücktritt und Wandelung der Ort, wo sich die Ware vereinbarungsgemäß befindet, meist auch Leistungsort sowohl für die Rückgabe der Sache wie für die Erstattung des Kaufpreises sein.

d) Ist keiner der vorerwähnten Fälle gegeben, so ist der Leistungsort dort, wo zur Zeit der Entstehung des Schuldverhältnisses der Schuldner seinen Wohnsitz hatte (§ 269 Abs. 1). Dem entspricht bei gewerblichen Schulden die gewerbliche Niederlassung des Schuldners.

4. Eine Ausnahmeregelung trifft § 270 für Geldschulden: Geld hat der Schuldner im Zweifel auf seine Gefahr und seine Kosten dem Gläubiger an dessen Wohnsitz zu übermitteln. Geldschulden sind also immer Schickschulden.

Unterhält der Gläubiger ein Postscheck- oder Bankkonto und hat er dies nach außen erklärt, so muß er sich Zahlungen durch den Schuldner im allgemeinen darauf gefallen lassen. Bis zur Gutschrift trägt aber der Schuldner die Gefahr, so daß er also noch einmal leisten muß, wenn inzwischen eine Kontensperre eintritt, bzw. nachleisten, wenn inzwischen eine Geldentwertung erfolgt.

Die Vorschriften über den Leistungsort bleiben unberührt (§ 270 Abs. 4).

Daraus ergibt sich, daß der Schuldner rechtzeitig geleistet hat, wenn er das Geld am Fälligkeitstage abgeschickt oder mittels Postanweisung eingezahlt hat (h. L.).

§ 12

Die Zeit der Leistung (Fälligkeit)

1. Fälligkeit der Leistung.

a) Der Zeitpunkt, in dem die Leistung bewirkt werden soll, heißt die Fälligkeit der Schuld. „Ist eine Zeit der Leistung weder bestimmt noch aus den Umständen zu entnehmen, so kann der Gläubiger die Leistung sofort verlangen, der Schuldner sie sofort bewirken" (§ 271 Abs. 1).

b) In der Regel ist jedoch die Fälligkeit der Leistung vereinbart. Dann wird der Schuldner im Zweifel berechtigt sein, vorzeitig zu leisten, der Gläubiger jedoch nicht, vorzeitig zu fordern (§ 271 Abs. 2). Die Zeitbestimmung gilt also meist zu Gunsten des Schuldners. In selteneren Fällen kann die Zeitbestimmung auch oder sogar nur im Interesse des Gläubigers vereinbart sein (z. B. verzinsliches Darlehn § 609 Abs. 3, Verwahrungsvertrag § 695), dann darf der Schuldner erst bei Fälligkeit leisten.

c) Bezahlt der Schuldner eine unverzinsliche Schuld vor der Fälligkeit, so ist er zum Abzug von Zwischenzinsen nicht berechtigt (§ 272).

Ausnahme: Bei entgegenstehender Parteivereinbarung, bei Bezahlung einer Hypothek oder Pfandschuld vor Fälligkeit gemäß §§ 1133, 1217 Abs. 2, im Konkurs (§ 65, 70 KO) und in der Zwangsversteigerung (§ 111 ZVG).

Zur Berechnung der Zwischenzinsen muß der Betrag ermittelt werden, der mit Zinsen am Fälligkeitstage die Schuldsumme ergeben würde (sog. Hoffmannsche Methode).

2. Fixgeschäft.

a) Die Vereinbarung der Leistungszeit kann bedeuten, daß die Leistung nur zu einer ganz bestimmten Zeit erbracht werden kann, andernfalls die Leistung als unmöglich anzusehen ist (Fixgeschäft im weiteren Sinne, absolutes Fixgeschäft).

Beispiel: Aufstellung einer Tribüne zum 1. Mai, Bestellung eines Gastzimmers zur Leipziger Messe, Uebernahme des Druckes von Stimmzetteln für eine Wahl.

b) Läßt sich die Leistung auch noch später bewirken, ist aber die genaue Innehaltung der Frist dem Schuldner zur ausdrücklichen Bedingung gemacht worden, also wesentlicher Bestandteil des Schuldverhältnisses, so liegt ein Fixgeschäft im engeren Sinne (relatives Fixgeschäft) vor. Dann ist der Gläubiger zum Rücktritt berechtigt, wenn die Leistung nicht pünktlich erfolgt (§ 361).

3. Kündigung.

Die Fälligkeit einer Leistung kann auch von einer Kündigung abhängen. Sie ist eine einseitige empfangsbedürftige Willenserklärung, auf Grund deren ein Schuldverhältnis beendet oder eine Leistung erbracht werden muß.

§ 13
Das Zurückbehaltungsrecht

1. Das Zurückbehaltungsrecht ist das Recht des Schuldners, seine Leistung zu verweigern, bis der Gläubiger die von ihm zu erbringende Leistung bewirkt hat. Es ist ein Sicherungsmittel des Schuldners auf die ihm gebührende Leistung. Das Zurückbehaltungsrecht beruht auf dem Grundsatz von Treu und Glauben. Treuwidrig handelt, wer eine Leistung fordert, ohne selbst die ihm obliegende Verpflichtung zu erfüllen.

2. Gegenstand des Zurückbehaltungsrechtes ist jede Leistung, zu der sich der Schuldner wirksam verpflichten kann: Leistung von Sachen, Handlungen, in selteneren Fällen auch Unterlassungen.

3. Der Gegenanspruch muß fällig sein und auf demselben rechtlichen Verhältnis beruhen wie die Verpflichtung des Schuldners (§ 273 Abs. 1).

a) Fälligkeit:

Ausreichend ist, wenn die Fälligkeit oder der Gegenanspruch selbst erst mit der Erfüllung entsteht. Auch verjährte Ansprüche geben ein Zurückbehaltungsrecht (RGZ 149, 328).

Das Erfordernis der Fälligkeit des Gegenanspruches kann durch Vertrag ausgeschlossen werden, was im Bankverkehr häufig geschieht.

b) Konnexität:

Der Begriff „desselben rechtlichen Verhältnisses" ist weit auszulegen. Es ist nicht erforderlich, daß Forderung und Gegenforderung aus einem einheitlichen Rechtsgeschäft hervorgehen; es genügt ein einheitliches, innerlich zusammengehöriges Lebensverhältnis oder ein natürlicher wirtschaftlicher Zusammenhang, der es als Verstoß gegen Treu und Glauben erscheinen läßt, den einen Anspruch ohne Rücksicht auf den anderen geltend zu machen.

Beispiel: Sind in einer Theatergarderobe bei der Ausgabe Kleidungsstücke verwechselt worden, so kann jeder Empfänger die Rückgabe so lange verweigern, bis der andere zur Herausgabe des in seinem Besitz befindlichen Kleidungsstückes bereit ist.

Die Konnexität ist kraft Gesetzes stets gegeben, wenn jemand einen Gegenstand herauszugeben hat, auf den er erstattungsfähige Auslagen gemacht oder durch den er einen ihm zu ersetzenden Schaden erlitten hat. Ein Zurückbehaltungsrecht besteht aber nicht, wenn der Schuldner den Gegenstand durch eine vorsätzlich begangene unerlaubte Handlung erlangt hat (§ 273 Abs. 2).

Keine Konnexität setzt das kaufmännische Zurückbehaltungsrecht (§§ 369 ff. HGB) voraus, das auch sonst Besonderheiten aufweist.

4. Das Zurückbehaltungsrecht ist ausgeschlossen, „wenn sich aus dem Schuldverhältnis ein anderes ergibt"

a) Kraft gesetzlicher Vorschrift:

Kein Zurückbehaltungsrecht des Bevollmächtigten an der Vollmachtsurkunde (§ 175), des Grundstücksmieters oder -pächters an dem Miet- oder Pachtgrundstück (§§ 556 Abs. 2, 580, 581 Abs. 2), des Arbeitgebers am Arbeitsbuch (Verordnung über das Arbeitsbuch vom 22. 4. 1939, RGBl. I, 824).

b) Kraft Parteivereinbarung:

Bei vertraglichem Ausschluß oder wenn der Schuldner zu unverzüglicher oder zur Vorleistung verpflichtet ist.

c) Aus der Natur des Schuldverhältnisses:

Beispiel: Kein Recht des Gläubigers wegen sonstiger Ansprüche, die Quittung zu verweigern, wenn der Schuldner geleistet hat. Wer zur Rechnungslegung oder Auskunft verpflichtet ist, darf dies nicht von dem Ersatz der Aufwendungen abhängig machen.

Kein Zurückbehaltungsrecht, wenn durch die Verweigerung der Leistung ein unverhältnismäßiger Schaden entstehen würde: Wer es übernommen hat, einen Hund zu füttern, darf seine Leistung nicht zurückhalten, wenn dadurch der Hund verhungern würde.

d) Gegenüber unpfändbaren und daher nicht aufrechenbaren Forderungen:

Die Zurückbehaltung würde eine Umgehung des sozialpolitischen Verbotes der Aufrechnung (§ 394) bedeuten. Auch in sonstigen Fällen, wo die

Aufrechnung durch Vertrag oder Gesetz ausgeschlossen ist, kann der Schuldner nicht zurückbehalten, wenn dies im Ergebnis der Aufrechnung gleichkommen würde.

Eine Ausnahme besteht nur, wenn die Gegenforderung des Zurückhaltenden auf einer vorsätzlich begangenen unerlaubten Handlung beruht.

5. Der Gläubiger kann das Zurückbehaltungsrecht durch Sicherheitsleistung abwenden. Die Gestellung eines Bürgen ist jedoch ausgeschlossen (§ 273 Abs. 3).

Dies gilt nicht, wenn bei gegenseitigen Verträgen „die Einrede des nicht erfüllten Vertrages" (§ 322, siehe S 53) erhoben wird, da hier der gegenseitige Leistungsaustausch wichtiger als der Sicherungszweck ist.

IV. Veränderung im Inhalt der Leistung

Vorbemerkung:

Das Schuldverhältnis findet normaler Weise seine Beendigung durch die Erfüllung: Der Schuldner erbringt die Leistung, zu der er sich verpflichtet hat. Es steht den Parteien naturgemäß frei, den Inhalt des Schuldverhältnisses zu ändern. Kraft Gesetzes tritt eine Aenderung des Schuldverhältnisses ein, bei Unmöglichkeit der Leistung (§§ 275, 279—282), bei Schuldnerverzug (§§ 284 ff.) und bei Annahmeverzug des Gläubigers (§§ 293—304).

Eine Aenderung des Schuldverhältnisses durch ein schuldhaftes Verhalten des Schuldners sieht das BGB nur im Rahmen von Unmöglichkeit und Schuldnerverzug vor. Beide Begriffe erschöpfen jedoch das rechtserhebliche Verhalten des Schuldners nicht. Die Rechtsprechung und Rechtslehre haben daher eine Haftung aus „positiver Vertragsverletzung" entwickelt, wenn der Schuldner in sonstigen Fällen seine Pflichten verletzt.

Im folgenden soll zunächst die Frage, wann der Schuldner für ein Ereignis verantwortlich ist, und danach Unmöglichkeit, Schuldnerverzug, positive Vertragsverletzung und schließlich Gläubigerverzug behandelt werden.

§ 14

Die vom Schuldner zu vertretenden Umstände

I. Der Schuldner hat, sofern nichts anderes bestimmt ist, Vorsatz und Fahrlässigkeit zu vertreten (§ 276 Abs. 1 Satz 1).

Vorsatz und Fahrlässigkeit machen den Begriff des Verschuldens aus und stehen im Gegensatz zum sog. Zufall.

Verschulden setzt Verantwortlichkeit (Zurechnungsfähigkeit) nach Maßgabe der §§ 827, 828 voraus (§ 276 Abs. 1 Satz 3).

1. Vorsätzlich handelt der Schuldner, wenn er sich des rechts- oder pflichtwidrigen Erfolges seines Handelns bewußt und mit dem Eintritt dieses Erfolges einverstanden ist. Er braucht den Erfolg also weder zu wünschen noch zu beabsichtigen. Es genügt auch, daß er nur für den Fall, daß ein schädigender Erfolg eintritt, damit einverstanden ist (sog. bedingter Vorsatz).

Beispiel: Ein Kraftfahrer fährt einen anderen Wagen an, um dadurch für sich die Straße frei zu bekommen (vorsätzliches Handeln).
Ein Kraftfahrer fährt schnell durch die Straßen, wobei es ihm nichts ausmacht, dadurch evtl. einen anderen Wagen anzufahren (bedingter Vorsatz).

Die Haftung wegen Vorsatz kann durch Vereinbarung nicht im voraus ausgeschlossen werden (§ 276 Abs. 2).

2. Fahrlässig handelt, wer „die im Verkehr erforderliche Sorgfalt außer acht läßt" (§ 276 Abs. 1 Satz 2). Der Schuldner kann entweder mit dem Eintritt des Erfolges rechnen, jedoch unentschuldbar auf dessen Nichteintritt hoffen (bewußte Fahrlässigkeit), oder handeln, ohne mit einem schädigenden Erfolg zu rechnen, bei „verkehrsmäßiger Sorgfalt" aber damit haben rechnen müssen (unbewußte Fahrlässigkeit).

Beispiel: Der Kraftfahrer fährt übermäßig schnell durch eine belebte Straße, weil er davon überzeugt ist, „im Ernstfalle" noch rechtzeitig bremsen zu können, was aber nach der Sachlage unmöglich ist (bewußt fahrlässiges Handeln).
Der Kraftfahrer fährt schnell, ohne sich irgendwelche Gedanken über die Folgen zu machen (unbewußte Fahrlässigkeit).

Maßgeblich für die Annahme der Fahrlässigkeit ist — anders als im Strafrecht — nicht die Persönlichkeit des Schuldners, sein Alter, Körperkraft oder Einsicht, sondern die Anforderungen, die der Verkehr an die Personengruppe stellt, in die der Handelnde einzureihen ist, z. B als Landwirt, Kaufmann, Arzt oder Berufskraftfahrer.

Grob fahrlässig handelt der Schuldner, wenn er die verkehrserforderliche Sorgfalt in besonders schwerem Maße verletzt, wenn er es also an den einfachsten Ueberlegungen vermissen oder unbeachtet läßt, was im gegebenen Fall jeder andere ohne weiteres getan hätte.

In gewissen Fällen haftet der Schuldner kraft Gesetzes nur für Vorsatz und grobe Fahrlässigkeit, z. B. der Schuldner im Annahmeverzug des Gläubigers (§ 300 Abs. 1), der Schenker (§ 521), der Verleiher (§ 599), der Geschäftsführer ohne Auftrag gemäß § 680, der Finder (§ 968).

Gelegentlich braucht der Schuldner nur für die Sorgfalt einzustehen, welche er „in eigenen Angelegenheiten" anzuwenden pflegt, doch wird er dadurch nicht von der Haftung wegen grober Fahrlässigkeit befreit (§ 277).

Gesetzliche Fälle: Haftung des unentgeltlichen Verwahrers (§ 690), des Gesellschafters (§ 708), des Ehegatten bei Erfüllung der sich aus dem Eheverhältnis ergebenden Verpflichtungen (§ 1359), der Eltern bei Ausübung der elterlichen Gewalt (§§ 1664, 1686) und der Vorerben gegenüber den Nacherben (§ 2131).

Daneben ist auch vertraglich eine Beschränkung der Haftung möglich. Sie geschieht häufig in Form der „Freizeichnungsklauseln" oder „Allgemeinen Geschäftsbedingungen". Hat dabei der eine Teil eine überragende Macht- oder Monopolstellung ausgenutzt, so kann eine solche Vereinbarung nach § 138 gegen die guten Sitten verstoßen und daher nichtig sein. Eine stillschweigende Haftungsbeschränkung kann bei sog. Gefälligkeitsverträgen vorliegen, z. B. der Mitnahme in einem Kraftwagen.

II. Ausdehnung der Haftung.

Der Schuldner haftet, soweit nicht vertraglich etwas anderes vereinbart ist, nicht für Umstände, die er nicht verschuldet hat (sog. Zufall).

Davon sind gesetzliche Ausnahmefälle: der Schuldner im Schuldnerverzug (§ 287), der Geschäftsführer ohne Auftrag, der gegen den Willen des Geschäftsherrn handelt (§ 678) und der zur Rückgabe einer durch unerlaubte Handlung entzogenen Sache Verpflichtete (§ 848).

Ein Unterfall des Zufalls ist die „höhere Gewalt". Sie umfaßt alle diejenigen betriebsfremden und unvorhersehbaren Ereignisse, die durch vernünftiger Weise zu erwartende Sorgfalt nicht vermieden werden konnten.

Für Zufall mit Ausnahme der höheren Gewalt haften: der Gastwirt für die eingebrachten Sachen des Gastes (§ 701 Abs. 1 Satz 1), die Eisenbahn für die beförderten Güter (§§ 454 ff. HGB), in gleichem Maße die Post (§ 452 HGB, § 6 Postgesetz).

III. Haftung für Verschulden bei Vertragsschluß.

Die Haftung des Schuldners gemäß § 276 setzte einen bereits bestehenden Vertrag voraus. Eine Haftung aus Verschulden bei Vertragsschluß ist jedoch in Weiterbildung des den §§ 122, 179, 307, 309 BGB zugrundeliegenden Rechtsgedankens anerkannt worden. Aus diesen Bestimmungen ist der allgemeine Grundsatz abgeleitet worden, daß schon bloße Vertragsverhandlungen unter den Parteien ein vertragsähnliches Vertrauensverhältnis erzeugen, das sie zur Beachtung der im Verkehr erforderlichen Sorgfalt verpflichtet.

1. Es entstehen zwischen den Parteien besonders Mitteilungs-, Aufklärungs- und Erhaltungspflichten.

a) Mitteilungs- und Aufklärungspflichten.

Jede Partei hat bei den Vertragsverhandlungen nicht nur wahrheitswidrige Behauptungen zu unterlassen, sondern auch eine Offenbarungspflicht für solche Tatsachen, die für die Entschließung des anderen Teils von Bedeutung sind.

Beispiel: Eine Vertragspartei verursacht bei der anderen schuldhaft die Annahme, es sei ein Vertrag bereits zustande gekommen, während dies in Wirklichkeit nicht der Fall ist; der eine Vertragspartner erweckt die unbegründete Hoffnung auf die Möglichkeit eines Geschäftsabschlusses, weshalb der andere Aufwendungen macht, die bei Ausbleiben des Abschlusses nutzlos sind.
Der eine Teil veranlaßt den anderen, infolge Verletzung seiner Offenbarungspflicht zur Abstandnahme von einem günstigen Vertrage oder zum Abschluß eines für ihn nachteiligen Vertrages.

b) Erhaltungspflichten.

Die Erhaltungspflicht besteht hinsichtlich der Rechtsgüter des anderen Teils.

Beispiel: Der Teppichverkäufer haftet, wenn er einem Kaufinteressenten einen Teppich vorlegt und dabei verletzt (vgl. RGZ 78, 239).

Der Gastwirt haftet dem Gast, wenn dieser infolge gefahrbringenden Zustandes der Räumlichkeiten Schaden erleidet.

2. Der Umfang der Haftung.

Die Haftung geht in der Regel auf Ersatz des negativen Interesses (Vertrauensschaden). Nur ausnahmsweise ist das Erfüllungsinteresse zu ersetzen, wenn der Geschädigte nachweisen kann, daß ohne das schuldhafte Verhalten der Vertrag zustandegekommen wäre.

Beispiel: 1. Der Käufer eines Grundstückes, dem die Unbrauchbarkeit der Zentralheizungsanlage verschwiegen wird, erklärt selbst, daß er den Vertrag nicht abgeschlossen hätte, wenn ihm dieser Umstand bekannt gewesen wäre. Er kann daher nur verlangen, so gestellt zu werden, als wenn der Vertrag nicht zustandegekommen wäre (vgl. RGZ 103, 52).

2. Der Verkäufer verhindert schuldhaft das Zustandekommen des Vertrages dadurch, daß er von der Annahmeerklärung nicht rechtzeitig Kenntnis erhält. Der Käufer kann verlangen, so gestellt zu werden, als wenn der Vertrag zustandegekommen wäre.

Für die Haftung aus Verschulden bei Vertragsschluß ist es gleichgültig, ob der Vertrag nachher zustandegekommen ist oder nicht. Der Haftungsmaßstab und die Verjährungsfristen richten sich nach dem in Aussicht genommenen Rechtverhältnis.

Beispiel: Trifft den Schenker bei Vorverhandlungen ein Verschulden, so haftet er nur für Vorsatz und grobe Fahrlässigkeit (§ 521). Wird die schuldhaft mangelhafte Lieferung einer Kaufsache geltend gemacht, so gilt die kurze Verjährungsfrist des § 477 (vgl. RGZ 129, 282).

§ 15

Haftung für gesetzliche Vertreter und Hilfspersonen

Bedient sich der Schuldner zur Erfüllung der ihm obliegenden Verpflichtungen dritter Personen, so ist dies für ihn eine persönliche Erleichterung und ermöglicht ihm eine Vergrößerung seines Betriebes. Dadurch darf aber der Gläubiger nicht schlechter gestellt werden, vielmehr muß der Schuldner auch die Nachteile dieser Arbeitsteilung tragen.

1. Der Schuldner hat ein Verschulden seines gesetzlichen Vertreters und der Personen, deren er sich zur Erfüllung seiner Verbindlichkeit bedient, in gleichem Umfange zu vertreten wie eigenes Verschulden (§ 278).

a) „Gesetzliche Vertreter" sind hier alle diejenigen, die kraft Gesetzes mit Wirkung für andere handeln können (z. B. Vater, Vormund, Testamentsvollstrecker), nicht dagegen „Organe" juristischer Personen (z. B. der Vorstand), da aus deren Verhalten die juristische Person unmittelbar haftet („Was das Organ tut, tut der Verband").

Beispiel: Die Erben müssen das Verhalten des Testamentsvollstreckers gegen sich gelten lassen, wenn er mittels einer unrichtig ausgestellten Quittung einer Bank, das Nachlaßvermögen veruntreut (RGZ 144, 400).

b) Die „Erfüllungsgehilfen" müssen mit dem Willen des Schuldners tätig werden, die Erfüllung also selbst bewirken, oder dabei mitwirken.

Beispiel: Der Handwerker haftet für seine Gesellen, der Rechtsanwalt für seinen Bürovorsteher, der Mieter für seine Angehörigen, Angestellten und Gäste. Zweifelhaft ob jeder Mieter zugleich Erfüllungsgehilfe im Verhältnis des Vermieters zu den anderen Mietern ist.

War dem Schuldner gestattet worden, die Ausführung eines Auftrages oder eines auftragähnlichen Verhältnisses zu voller Selbständigkeit einem Dritten zu übertragen oder die verwahrte Sache bei einem Dritten zu hinterlegen (sog. Substitut, vgl. §§ 664, 691), so haftet der Schuldner nur für sein Verschulden bei der Auswahl des Dritten, nicht dagegen für dessen sonstiges Verschulden.

c) Zur „Erfüllung einer Verbindlichkeit" gehören über den eigentlichen Leistungszweck hinaus alle aus dem Schuldverhältnis sich ergebenden Nebenpflichten, z. B. auf schonende und sorgfältige Behandlung des Leistungsgegenstandes. Keine Haftung besteht jedoch, wenn sich die Hilfsperson nur bei Gelegenheit der Erfüllung schuldhaft verhalten hat.

Beispiel: Der Elektro-Ingenieur, der einen Gesellen zur Reparatur eines Rundfunkapparates schickt, haftet, wenn der Geselle durch Umwerfen des Apparates eine Vase zertrümmert, nicht dagegen wenn er einen Diebstahl begeht.

d) Umfang der Haftung besteht wie „für eigenes Verschulden". Hat der Schuldner nur für grobe Fahrlässigkeit oder für die Sorgfalt einzustehen, die er in eigenen Angelegenheiten aufwendet, so gilt entsprechendes auch für die Hilfspersonen. Gemäß § 278 Abs. 2 kann die Haftung des Schuldners für Vorsatz der Hilfspersonen ausgeschlossen werden.

2. § 278 begründet eine Haftung nur innerhalb bestehender Schuldverhältnisse bzw. bei oder vor Vertragsabschluß (vgl. oben Seite 22 u. 35).

Beispiel: Die Versicherungsgesellschaft haftet für ihren Agenten, wenn dieser nach vorangegangenen Verhandlungen einen ihm zugegangenen Versicherungsantrag nicht ordnungsgemäß bearbeitet und an die Gesellschaft weiterleitet (vgl. RGZ 147, 107 ff.).

§ 278 ist entsprechend anzuwenden bei öffentlich-rechtlichen Verhältnissen, die nach privatrechtlichen Grundsätzen zu beurteilen sind.

Beispiel: Haftung der Krankenkasse gegenüber ihren Mitgliedern für fehlerhafte ärztliche Behandlung.

Außerhalb bestehender Schuldverhältnisse gilt dagegen § 831, der in wichtigem Gegensatz zu § 278 dem Schuldner die Möglichkeit des Entlastungsbeweises bei ordnungsgemäßer Auswahl und Ueberwachung gibt.

Beispiel: In einem Lebensmittelgeschäft kommt ein Kunde zu Fall, weil eine Angestellte zu glatt gebohnert hat. Haftung des Inhabers aus § 278 ohne Möglichkeit des Entlastungsbeweises.

Ein Passant kommt im Winter vor einem Hause zu Fall, weil der Hauswart nicht gestreut hat. Haftung des Hauseigentümers nach § 831 mit der Möglichkeit des Entlastungsbeweises.

§ 16
Unmöglichkeit der Leistung

I. Eine bedeutsame Wandlung erfährt das Schuldverhältnis, wenn die vom Schuldner zu erbringende Leistung infolge eines nach Vertragsschluß eintretenden Umstandes unmöglich wird. Dies kann der Fall sein

1. als sog. objektive Unmöglichkeit, wenn die Leistung von niemandem erbracht werden kann, sei es, weil die Sache untergegangen ist oder weil ein dauerndes Rechtshindernis entgegensteht.

Beispiel: Die verkaufte, aber noch nicht übergebene Sache ist verbrannt, oder sie ist dem Gläubiger bereits von einem Dritten übereignet worden oder inzwischen beschlagnahmt worden.

Der objektiven Unmöglichkeit ist die wirtschaftliche Unmöglichkeit gleichzusetzen, wenn die Erbringung der Leistung von dem Schuldner Opfer verlangen würde, die ihm nach Treu und Glauben nicht zugemutet werden können.

Beispiel: Die verkaufte Sache ist auf dem Transport ins Meer gefallen und würde nur mit unverhältnismäßigen Aufwendungen wieder geborgen werden können.

2. als sog. Unvermögen (subjektive Unmöglichkeit), wenn nur der Schuldner die Leistung nicht mehr erbringen kann, anderen Personen dies aber noch können[1]).

II. Die Unmöglichkeit muß, um rechtserheblich zu sein, auf dauernd eintreten. Denn die vorübergehende Unmöglichkeit verpflichtet den Schuldner zur Leistung nach Wegfall des Hindernisses, z. B. wenn bei einem Außenhandels- oder Interzonengeschäft die erforderliche Genehmigung zunächst versagt wird, mit ihrer späteren Erteilung aber zu rechnen ist.

---

1) Der Unterschied von objektiver Unmöglichkeit und Unvermögen ist in diesem Zusammenhang ohne Bedeutung. Vgl. über anfängliche Unmöglichkeit (§ 306 unten Seite 48).

Stellt jedoch die vorübergehende Unmöglichkeit die Erreichung des Vertragszweckes in Frage und kann dem Gläubiger die Einhaltung des Vertrages nicht mehr zugemutet werden, so steht die vorübergehende Unmöglichkeit der dauernden Unmöglichkeit gleich.

Ist die Leistung teilweise noch möglich, so bleibt der Schuldner grundsätzlich „soweit" zur Leistung verpflichtet. Im Einzelfall werden Inhalt und Zweck des Schuldverhältnisses darüber entscheiden, ob nicht die Teil-Unmöglichkeit der völligen Unmöglichkeit gleichzusetzen ist.

Beispiel: Abonnementsverträge über eine Zeitschrift mit Rundfunkprogramm sind zwischen einem Verlag und den Beziehern geschlossen. Diese Verträge werden hinfällig, wenn dem Verlag die Aufnahme des Rundfunkprogramms unmöglich wird und den Lesern an dem Programm ebenso gelegen war wie an dem sonstigen Inhalt der Zeitschrift (vgl. RGZ 140, 383).

III. Die Wirkungen, die die Unmöglichkeit auf die Leistungspflicht des Schuldners ausübt, ist davon abhängig, ob die Unmöglichkeit von dem Schuldner zu vertreten ist oder nicht.

1. Hat der Schuldner die (nachträgliche) Unmöglichkeit oder sein Unvermögen zur Leistung nicht zu vertreten — d. h. in der Regel trifft ihn daran kein Verschulden —, so wird er von seiner Leistungspflicht frei (§ 275). Nebenpflichten können bestehen bleiben oder sogar noch neu entstehen. Vor allem ist der Schuldner verpflichtet, dem Gläubiger vom Eintritt der Unmöglichkeit Anzeige zu erstatten.

Eine Besonderheit gilt für Gattungsschulden gemäß § 279. Solange die Leistung aus der Gattung möglich ist, hat der Schuldner sein Unvermögen stets zu vertreten (vgl. oben S. 12).

2. Hat der Schuldner infolge des Umstandes, der die Leistung unmöglich macht (z. B. durch Zerstörung, Beschädigung, Diebstahl, Enteignung, Beschlagnahme), einen Ersatz oder Ersatzanspruch erlangt, so kann der Gläubiger verlangen, daß ihm dieser Ersatz herausgegeben oder der Ersatzanspruch abgetreten wird (sog. „stellvertretendes commodum") (§ 281 Abs. 1).

Beispiel: Wird ein bereits verkaufter, dem Käufer aber noch nicht ausgehändigter Kraftwagen vor der Uebergabe durch einen Zusammenstoß zerstört, so kann der Käufer von dem Verkäufer die Versicherungssumme beanspruchen bzw. verlangen, daß dieser ihm die Ansprüche gegen die Versicherung abtritt.

Hat ein Verkäufer einen Kraftwagen nach Verkauf an den ersten Käufer nochmals an einen zweiten veräußert, so kann der erste Käufer von dem Verkäufer die Aushändigung des Kaufpreises sowie des Mehrerlöses verlangen, den der Verkäufer von dem zweiten Käufer erlangt hat.

Wenn Gattungsschulden noch nicht konzentriert waren (vgl. oben Seite 12), kann der Gläubiger die Rechte aus § 281 nicht geltend machen. Dies gilt nicht, wenn bei beschränkten Gattungsschulden die Unmöglichkeit den ganzen Vorrat erfaßt hat.

Beispiel: Hat der Schuldner 10 Faß Wein aus seinen Vorräten zu liefern und wird der ganze Vorrat beschlagnahmt, so kann der Gläubiger aus der Beschlagnahme einen etwaigen Mehrerlös beanspruchen.

3. Hat der Schuldner die Unmöglichkeit der Leistung zu vertreten, so hat er vollen Schadenersatz zu leisten (§ 280 Abs. 1). Ist die Unmöglichkeit nur eine teilweise, so besteht teilweise Leistungs-, teilweise Schadenersatzpflicht. Doch kann der Gläubiger bei mangelndem Interesse an der Teilleistung diese ablehnen und Schadenersatz wegen der ganzen Verbindlichkeit verlangen (§ 280 Abs. 2 Satz 1). Der Gläubiger kann auch das „stellvertretende commodum" verlangen, doch mindert sich dann der Schadenersatzanspruch entsprechend (§ 281 Abs. 2).

4. Ist zwischen den Parteien streitig, ob der Umstand, der die Unmöglichkeit der Leistung herbeigeführt hat, vom Schuldner zu vertreten ist oder nicht, so trifft die Beweislast dafür den Schuldner (§ 282).

Doch kann der Gläubiger gemäß § 283 ohne Rücksicht auf eine etwaige Unmöglichkeit auf Leistung klagen. Nach Rechtskraft des Urteils muß der Gläubiger dem Schuldner eine Frist setzen mit der Androhung, daß die Annahme der Leistung nach deren Ablauf abgelehnt wird. Erbringt der Schuldner die Leistung nicht innerhalb dieser Frist, die auch schon durch das Urteil gesetzt werden kann, so ist der Gläubiger zur Schadenersatzforderung berechtigt. Der Anspruch auf Erfüllung ist aber ausgeschlossen. Denn der Fristablauf bewirkt, daß die Leistung als unmöglich angesehen wird, gleichgültig ob dies tatsächlich der Fall ist. Die Verpflichtung des Schuldners zum Schadenersatz wird daher nur dadurch ausgeschlossen, daß die Leistung infolge eines von ihm nicht zu vertretenden Umstandes unmöglich geworden ist, der nach der letzten mündlichen Verhandlung eingetreten ist (§ 283 Abs. 1 Satz 3).

§ 17

Verzug des Schuldners

Während die Unmöglichkeit die Rechtsfolgen der nicht mehr erbringbaren Leistung regelt, handelt es sich beim Schuldnerverzug um die vom Schuldner rechtswidrig verzögerte Leistung (§§ 284 ff.).

I. Voraussetzungen des Verzuges.

Der Eintritt des Schuldnerverzuges setzt voraus, daß die Leistung fällig ist, der Gläubiger den Schuldner gemahnt hat und die Unpünktlichkeit der Leistung auf einem Umstand beruht, den der Schuldner zu vertreten hat.

1. Fälligkeit der Leistung.

Der Gläubiger muß das uneingeschränkte Recht haben, die Leistung zu fordern. Dies ist nicht der Fall, wenn dem Anspruch eine verzögerliche Einrede (z. B. Stundung oder ein Zurückbehaltungsrecht) entgegensteht. Bei gegenseitigen Verträgen hat der Schuldner die Einrede des nicht erfüllten Vertrages, die der Gläubiger nur durch das Angebot seiner Leistung zunichte machen kann.

2. Die Mahnung.

a) Die Mahnung ist eine einseitige, empfangsbedürftige und formlose Aufforderung zur Leistung.

Eine Mahnung ist noch nicht die Zusendung einer einfachen Rechnung, eine stillschweigende Mahnung kann aber in der Zusendung einer quittierten Rechnung oder in wiederholter Uebersendung von Rechnungen für dieselbe Forderung liegen. Eine befristete Mahnung („Leistung innerhalb zwei Wochen") ist wirksam, nicht dagegen eine bedingte Mahnung.

Der Mahnung gleichgestellt ist die Erhebung der Klage auf Leistung und die Zustellung eines Zahlungsbefehls (§ 284 Abs. 1 Satz 2).

b) Die Mahnung ist entbehrlich, wenn

für die Leistung eine Zeit nach dem Kalender bestimmt ist;

z. B. für Hypothekenzinsen der 1. Januar, 1. April, 1. Juni und 1. Oktober, für Miete jeweils der Erste eines jeden Monats;

binnen einer bestimmten kalendermäßig zu berechnenden Zeit nach Kündigung zu leisten ist (§ 284 Abs. 2);

z. B. Rückzahlung des Darlehns einen Monat nach Kündigung.

wenn sich der Schuldner nach Treu und Glauben nicht auf die unterbliebene Mahnung berufen kann;

z. B. wenn er die Leistung selbst endgültig verweigert hat oder dem Gläubiger den beanspruchten Gegenstand durch eine unerlaubte Handlung entzogen hat (vgl. §§ 848, 849).

3. Der Schuldner kommt nicht in Verzug, wenn die Leistung infolge eines Umstandes unterbleibt, den er nicht zu vertreten hat (§ 285).

Das Ausbleiben der Leistung muß also vom Schuldner regelmäßig verschuldet sein[1]). Behauptet er, daß ihn an der Verzögerung kein Verschulden trifft, so ist er dafür beweispflichtig.

II. Folgen des Verzuges.

1. Der Schuldner hat dem Gläubiger den durch den Verzug entstehenden Schaden zu ersetzen (§ 286 Abs. 1). Die Pflicht zum Ersatz des Verzögerungsschadens steht neben der ursprünglichen Leistungspflicht.

Geldschulden sind während des Verzuges mit 4% zu verzinsen, ohne daß damit die Geltendmachung eines weiteren Schadens ausgeschlossen

1) Ueber die Entschuldbarkeit des Rechtsirrtums vgl. RGZ 156, 120.

ist (vgl. §§ 288—290). Diese Zinsen sind gesetzlicher Mindestbetrag des Verzugsschadens und daher immer zu zahlen, also auch bei unverzinslichen Forderungen.

Hat die Leistung infolge des Verzuges für den Gläubiger kein Interesse mehr, so kann er statt Erfüllung und Ersatz des Verzögerungsschadens Schadenersatz wegen Nichterfüllung verlangen. Auf die Geltendmachung dieses Schadenersatzes finden die Vorschriften des vertragsmäßigen Rücktrittsrechts (§§ 346—356) entsprechende Anwendung (§ 286 Abs. 2).

Der Schadenersatzanspruch wegen Nichterfüllung gemäß § 286 Abs. 2 ist scharf von dem Anspruch auf Ersatz des Verzögerungsschadens gemäß § 286 Abs. 1 zu unterscheiden. Während letzterer nur neben dem Anspruch auf Erfüllung steht, tritt ersterer an die Stelle des Erfüllungsanspruchs.

Beweispflichtig für das fehlende Interesse ist der Gläubiger. Er ist jedoch dieses Beweises enthoben, wenn er gemäß § 283 Abs. 1 vorgeht (vgl. oben Seite 40). Bei gegenseitigen Verträgen kann der Gläubiger gemäß § 326 dem in Verzug befindlichen Schuldner eine Nachfrist setzen unter der Androhung, daß er die Leistung nach Ablauf der Frist ablehne. Verstreicht die Frist fruchtlos, so kann der Gläubiger ohne weitere Beweisführung Schadenersatz verlangen (vgl. unten Seite 58).

2. Der Schuldner hat während des Verzuges jede Fahrlässigkeit zu vertreten. Er ist sogar für die während des Verzuges eintretende zufällige Unmöglichkeit haftbar, es sei denn, daß der Schaden auch bei rechtzeitiger Leistung eingetreten sein würde (§ 287).

Beispiel: Sollte der Schuldner eine geliehene Maschine am 1. 10. 44 zurückgeben und wird sie bei ihm am 2. 10. durch Luftangriff zerstört, so entfällt die Schadenersatzpflicht nur dann, wenn derselbe Luftangriff auch die Räume des Gläubigers zerstört hat, wo sich die Maschine bei rechtzeitiger Lieferung befunden haben würde.

III. Rechtshängigkeit.

Ohne daß der Schuldner im Verzug zu sein braucht, sind an die Rechtshängigkeit der Forderung gewisse Rechtsfolgen geknüpft: Geldschulden sind vom Eintritt der Rechtshängigkeit an zu verzinsen (§ 291), und die Pflicht zur Herausgabe eines Gegenstandes ist gemäß § 292 in dem dort bestimmten Umfange nach sachenrechtlichen Grundsätzen geregelt.

§ 18
Positive Vertragsverletzung

Eine „positive Vertragsverletzung" ist jedes schuldhaft vertragswidrige Verhalten des Schuldners, das weder auf Unmöglichkeit der Leistung noch auf Verzug beruht. Es kann in einem Tun oder Unterlassen bestehen und selbständige wie unselbständige Vertragspflichten, z. B. Vorbereitungs-, Anzeige- und Unterhaltspflichten betreffen.

Positive Vertragsverletzungen kommen in der verschiedensten Form vor.

1. Der Schuldner erbringt die geschuldete Leistung nur mangelhaft. Dadurch entsteht ein Schaden, der über das Erfüllungsinteresse hinausgeht (Schlechterfüllung).

Beispiel: Ein Innendekorateur (Schuldner), der Gardinen aufhängen soll, beschädigt mit seiner Leiter den Kronleuchter des Gläubigers.

Ein Bevollmächtigter mißbraucht fahrlässig eine Vollmacht und entzieht dadurch dem Vollmachtgeber Rechte oder legt ihm Verpflichtungen auf.

2. Der Schuldner leistet bei langdauernden Verträgen, insbesondere Sukzessiv-Lieferungsverträgen mangelhafte Teilleistungen.

Beispiel: Eine Brauerei, die laufend zu Bierlieferungen verpflichtet ist, liefert mehrfach schlechtes Bier.

3. Eine Partei macht sich bei einem Vertrage, der auf gegenseitigem Vertrauen beruht, einer Zerstörung oder beträchtlichen Erschütterung des Vertrauens, insbesondere einer Beleidigung des anderen Teils schuldig.

Beispiel: Bei einem Kaufvertrag, der eine besondere Verläßlichkeit des Verkäufers erfordert, besticht dieser einen Angestellten des Käufers in der Absicht, den Angestellten zur Abnahme von Waren trotz vorhandener Mängel zu veranlassen (RGZ 149, 187).

4. Der Schuldner erklärt vor Fälligkeit, daß er die geschuldete Leistung nicht erbringen werde.

Eine gesetzliche Regelung der positiven Vertragsverletzung ist vom BGB nicht getroffen worden. Unbestritten ist jedoch, daß der Schuldner für eine schuldhafte Vertragsverletzung schadenersatzpflichtig ist. Die Rechtsprechung des Reichsgerichts leitete die Haftung unmittelbar aus § 276 ab, während die Rechtswissenschaft durch entsprechende Anwendung der Vorschriften über Unmöglichkeit und Verzug hilft (§§ 280, 286, 325, 326). Daraus folgt, daß bei gegenseitigen Verträgen der Gläubiger auch die Rechte aus § 326 ausüben kann (vl. darüber unten S. 59).

§ 19

Der Annahmeverzug

Eine inhaltliche Veränderung des Schuldverhältnisses kann auch dadurch eintreten, daß der Gläubiger es an der zur Erfüllung notwendigen Mitwirkung fehlen läßt, insbesondere die Leistung nicht annimmt (Annahmeverzug) (§§ 293 ff.).

I. Die Voraussetzungen des Annahmeverzuges sind:

1. Der Schuldner muß leisten dürfen und leisten können. Darf er die Leistung schon vor Fälligkeit erbringen, so kommt der Gläubiger durch die

Nichtannahme in Annahmeverzug. Kann der Schuldner sie nach Fälligkeit nicht erbringen, so ist ein Annahmeverzug des Gläubigers ausgeschlossen (§ 297).

2. Der Schuldner muß dem Gläubiger die Leistung so, wie sie zu bewirken ist, tatsächlich anbieten (§ 294).

Die Leistung muß also zur verkehrsüblichen Zeit, am rechten Ort und in der geschuldeten Art, Güte und Menge angeboten werden.

Ein wörtliches Angebot genügt, wenn der Gläubiger im voraus die Annahmeverweigerung erklärt. Ist zur Bewirkung einer Leistung die Mitwirkung des Gläubigers erforderlich und unterbleibt diese, so kann der Schuldner den Gläubiger zur Mitwirkung auffordern. Nicht einmal das ist erforderlich, wenn die vom Gläubiger vorzunehmende Handlung nach dem Kalender bestimmt ist oder sich von einer Kündigung nach dem Kalender berechnen läßt (§ 296).

Beispiel: Wer sich zur Teilnahme an einem Sprachkursus ab 1. April gemeldet hat, kommt in Annahmeverzug, wenn er nicht rechtzeitig erscheint.

3. Der Gläubiger nimmt die Leistung nicht an, wobei es gleichgültig ist, ob ihm dabei ein Verschulden trifft oder nicht (§ 293).

Ist der Gläubiger dagegen nur vorübergehend in der Annahme behindert, so kommt er nicht in Verzug. Davon bestehen wieder Ausnahmen, wenn die Leistungszeit bestimmt ist oder der Schuldner dem Gläubiger die Leistung eine angemessene Zeit vorher angekündigt hat (§ 299).

Ist der Schuldner nur zur Leistung Zug um Zug gegen eine Leistung des Gläubigers verpflichtet, so kommt der Gläubiger auch dann in Annahmeverzug, wenn er die von dem Schuldner angebotene Leistung annehmen will, die von ihm zu erbringende Gegenleistung aber nicht anbietet (§ 298).

II. Die Wirkungen des Annahmeverzuges.

Der Annahmeverzug hat eine Abschwächung der schuldnerischen Leistungspflicht zur Folge:

1. Der Schuldner hat nur noch Vorsatz und grobe Fahrlässigkeit zu vertreten (§ 300 Abs. 1)[1]), die Zinspflicht entfällt (§ 301), und wenn eine Haftung für Nutzungen gegeben ist, beschränkt sie sich auf die tatsächlich gezogenen Nutzungen (§ 302).

2. Der Schuldner hat die Möglichkeit, sich ganz zu befreien. Ist er zur Herausgabe eines Grundstückes, eines eingetragenen Schiffes oder eines Schiffsbauwerkes verpflichtet, so kann er den Besitz daran aufgeben. Die Aufgabe muß dem Gläubiger vorher angedroht werden, es

---

1) Ueber § 300 II siehe Seite 13.

sei denn, daß sie untunlich ist (§ 303). Von einer etwaigen Pflicht zur Uebereignung wird der Schuldner jedoch durch die Besitzaufgabe nicht befreit.

Hinterlegungsfähige Sachen (§§ 372 ff. vgl. unten S 77) kann er unter Rücknahmeverzicht hinterlegen, andere bewegliche Sachen versteigern lassen und ihren Erlös hinterlegen.

3. Dem Schuldner steht zwar kein Schadenersatzanspruch wegen des Annahmeverzuges des Gläubigers zu. Er kann aber vom Gläubiger Ersatz für Mehraufwendungen verlangen, die er für das erfolglose Angebot oder für die Aufbewahrung und Erhaltung des geschuldeten Gegenstandes machen mußte (§ 304).

Zweiter Abschnitt

Schuldverhältnisse aus Verträgen

§ 20

Begründung des Vertrages

Zur Begründung eines Schuldverhältnisses durch Rechtsgeschäft sowie zur Aenderung des Inhalts eines Schuldverhältnisses ist ein Vertrag zwischen den Beteiligten erforderlich, soweit nicht das Gesetz ein anderes vorschreibt (§ 305).

I. Danach ist die normale Art der Entstehung von Schuldverhältnissen durch Rechtsgeschäft der Vertrag.

1. Die Verträge, durch die ein Schuldverhältnis begründet wird, sind verpflichtender Art. Es sind dies die eigentlichen schuldrechtlichen Verträge. Im Gegensatz dazu setzen die (schuldrechtlichen) Verfügungsgeschäfte ein bereits vorhandenes Schuldverhältnis voraus, das inhaltlich verändert, aufgehoben oder übertragen wird.

Die wichtigsten zweiseitigen schuldrechtlichen Verfügungsgeschäfte sind: der Erlaß (§ 397), die Abtretung (§§ 398 ff.) und die befreiende Schuldübernahme (§§ 414 ff.), ein einseitiges Verfügungsgeschäft ist die Aufrechnung (§§ 387 ff.).

Die verpflichtenden Schuldverträge sind in der Regel kausal, d. h. sie enthalten nicht nur das bloße Versprechen einer Leistung, sondern auch den rechtlichen Zweck, um dessenwillen das Versprechen erbracht wird. Fehlt die Einigung über den Zweck, so ist der Vertrag nicht zustandegekommen (kausale Geschäfte).

In jedem Kaufvertrage verpflichtet sich der Käufer zur Zahlung des Kaufpreises nur, um den Anspruch auf die Gegenleistung zu erlangen und sein Versprechen steht und fällt mit dem Bestand des Vertrages.

DieVerfügungsgeschäfte sind dagegen meist abstrakt, d. h. sie sind von dem Vorhandensein eines rechtlichen Grundes unabhängig. Fehlt die Einigung über den rechtlichen Zweck, so hat dies infolgedessen nicht die Unwirksamkeit des Geschäftes zur Folge, sondern ermöglicht nur ihre Aufhebung nach den Grundsätzen der ungerechtfertigten Bereicherung (§§ 812 ff.).

Beispiel: Wenn jemand an einen anderen eine Forderung abtritt, weil er glaubt, damit eine Schuld gegenüber dem Abtretungsempfänger zu erfüllen und sich nachträglich herausstellt, daß eine solche Schuld nicht besteht, so ist deswegen die Abtretung nicht unwirksam. Der Abtretende kann lediglich gemäß §§ 812 ff. die Rückabtretung verlangen.

2. Das Bürgerliche Gesetzbuch steht auf dem Grundsatz der Vertragsfreiheit: Es ist den Parteien freigestellt, Verträge abzuschließen und inhaltlich zu gestalten.

a) Eine Verpflichtung zum Abschluß eines Vertrages kann aber den Beteiligten durch das Gesetz auferlegt werden (sog. Abschluß- oder Kontrahierungszwang).

Beispiel: Verpflichtung der Eisenbahn und Post zum Abschluß von Transportverträgen (§ 453 HGB, § 3 Ges. über das Postwesen vom 28. 10. 1871), Anschluß- und Versorgungspflicht hinsichtlich Gas und Elektrizität unter Wahrung der Tarifpreise (§ 6 Energiewirtschaftsgesetz vom 13. 12. 1935), ähnlich Abschlußzwang zur Einstellung von Schwerbeschädigten gemäß Reichsgesetz vom 12. 1. 1923).

Auch eine rechtliche oder tatsächliche Monopolstellung kann zum Abschlußzwang führen (vgl. RGZ 132, 273). Daneben können auch die Parteien durch Eingehung eines Vorvertrages die Verpflichtung zum Abschluß eines Vertrages begründen. Der Vorvertrag bedarf im allgemeinen bereits der Form des Endvertrages, soweit für diesen besondere Vorschriften bestehen; denn es ist der Zweck der meisten Formvorschriften, eine formlose Bindung der Vertragsgenossen zu verhindern.

b) Die Freiheit, den Inhalt der Verträge zu gestalten, bedeutet, daß die Parteien Verträge abschließen können, die keinem der in den „Einzelnen Schuldverhältnissen" des BGB geregelten Typen entsprechen (sog. atypische Verträge) oder die mehrere dieser Typen miteinander verbinden (sog. gemischte Verträge).

Beispiel: Atypische Verträge sind der Trödel-Vertrag, der Garantie-Vertrag und der Tarif-Vertrag.

Gemischte Verträge sind der Pensionsvertrag, (enthaltend Miete-, Kauf- und Dienstvertrag), der Vertrag auf Lieferung und Anbringung einer Anlage (enthaltend Kauf- und Werkvertrag), der Hauswart-Vertrag (enthaltend Miete- und Dienstvertrag).

Die Rechtsfragen der atypischen Verträge werden in Anlehnung an verwandte Vertragsformen unter besonderer Berücksichtigung des Parteiwillens und der Verkehrssitte behandelt.

Für die rechtliche Beurteilung der gemischten Verträge ist ebenfalls die Lage des Einzelfalles entscheidend im Hinblick auf den wirtschaftlichen Zweck und die schutzwürdigen Interessen beider Parteien. Tritt eine Leistung als Hauptleistung hervor, so kann diese rechtlich für den ganzen Vertrag maßgebend sein (sog. Absorbationsprinzip).

Beispiel: Miete eines möblierten Zimmers mit Bedienung (Bedienung ist Nebenleistung, nur Mietrecht anwendbar), Kauf von Spirituosen in Flaschen, die zurückgegeben werden müssen (Rückgabepflicht ist Nebenleistung, nur Kaufrecht anwendbar).

Stehen dagegen die versprochenen Leistungen gleichwertig nebeneinander, so ist für jede der Leistungen der entsprechende Vertragstypus maßgebend (sog. Kombinationsprinzip).

Beispiel: Vertrag mit einer Schiffahrtsgesellschaft für eine Seereise enthält Transport- (Beförderungsvertrag), Quartier- (Mietvertrag) und Verpflegungsleistungen (Kaufvertrag). Bei Nicht- oder Schlechterfüllung sind je nachdem, welche Leistungspflicht verletzt wird, die Rechtssätze des Werk-, Miet- oder Kaufrechtes anzuwenden.

3. Die Bestimmbarkeit der Leistung.

Die von dem Schuldner zu erbringende Leistung muß im Vertrage bestimmt oder zumindesten bestimmbar sein. Der Leistungsinhalt kann jedoch auch nach Vertragsschluß durch einen Vertragschließenden oder einen Dritten bestimmt werden. Voraussetzung ist jedoch, daß sich die Parteien überhaupt vorher rechtlich binden wollten.

Beispiel: Vereinbarung einer „Weihnachtsgratifikation" zwischen Arbeitgeber und Arbeitnehmer, ohne daß eine bestimmte Höhe festgesetzt wird, Vereinbarung gegenüber einem Verband von Bücherfreunden, monatlich „ein Buch" abzunehmen.

a) Soll die Bestimmung der Leistung durch eine der Parteien erfolgen, so gilt die Auslegungsregel des § 315 Abs. 1, daß die Bestimmung nach billigem Ermessen zu erfolgen hat. Es steht den Parteien aber frei, die Bestimmung der Leistung auch nach freiem Ermessen oder, in eng zu begrenzenden Ausnahmefällen, sogar nach freiem Belieben zu vereinbaren, jedoch ist eine Entscheidung, die offenbar unbillig ist, nach Treu und Glauben unverbindlich. Die Bestimmung erfolgt durch Erklärung gegenüber dem anderen Teil (§ 315 Abs. 2). Sie ist ein empfangsbedürftiges, einseitiges Gestaltungsgeschäft und als solches unwiderruflich.

Soll die Bestimmung nach billigem Ermessen erfolgen, so ist die getroffene Bestimmung für den anderen Teil nur verbindlich, wenn sie der Billigkeit entspricht. Entspricht sie nicht der Billigkeit oder wird sie verzögert, so wird die Bestimmung durch Urteil getroffen (§ 315 Abs. 3).

b) Ist bei gegenseitigen Verträgen ausdrücklich nur die eine Leistung bestimmt, während die andere Leistung nur der Art, nicht aber dem Umfang nach festgelegt ist, so steht die Bestimmung darüber im Zweifel demjenigen Teile zu, der die Gegenleistung zu fordern hat (§ 316). Zunächst ist jedoch stets zu prüfen, ob nicht eine stillschweigende Abrede unter Bezugnahme auf ein objektives Maß getroffen ist (Tages- oder Marktpreis, ortsüblicher Preis).

Beispiel: Die Hausfrau, die auf einem Markt Gemüse einkauft, muß grundsätzlich den üblichen Marktpreis bezahlen, ohne daß es einer ausdrücklichen Vereinbarung bedarf. Wird dagegen ein Gegenstand in einem Antiquitätengeschäft gekauft, so kann der Verkäufer, falls hier kein sogenannter Ladenpreis gegeben ist, den Kaufpreis nach billigem Ermessen bestimmen.

c) Die Bestimmung der Leistung kann aber auch durch einen am Schuldverhältnis unbeteiligten Dritten oder durch mehrere Dritte erfolgen. Im Zweifel hat der Dritte die Bestimmung nach billigem Ermessen zu treffen (§ 317 Abs. 1). Die Bestimmung erfolgt durch Erklärung gegenüber einem der Vertragsschließenden. Da diese Erklärung nur Rechtswirkung für die Vertragschließenden hat, steht diesen und nicht den Dritten ein Anfechtungsrecht der Erklärung wegen Irrtums, Drohung oder arglistiger Täuschung zu (§ 318 Abs. 2).

Beispiel: Hat jemand einen Gegenstand zu einem Preis verkauft, den ein Dritter festsetzen soll, und setzt dieser den Preis infolge arglistiger Täuschung des Käufers unter dem Wert der Sache fest, so kann der Verkäufer die Bestimmung des Kaufpreises durch Erklärung gegenüber dem Käufer anfechten.

Hat der Dritte die Bestimmung nach billigem Ermessen zu treffen, so ist eine offenbar unbillige Entscheidung für die Parteien nicht bindend. Die Bestimmung erfolgt dann durch Urteil. Das gleiche gilt, wenn der Dritte die Bestimmung nicht treffen kann oder sie verzögert (§ 319 Abs. 1).

Hat der Dritte die Bestimmung nach freiem Belieben zu treffen, so ist der Vertrag unwirksam, wenn der Dritte die Bestimmung nicht treffen kann oder sie verzögert (§ 319 Abs. 2). Wenn die Bestimmung des Dritten in diesem Falle offenbar unbillig ist, so gibt das Gesetz keine besondere Handhabe für die benachteiligte Partei, sie durch eine angemessene zu ersetzen. Doch wird das Verbot sittenwidrigen Handelns und die Rechtsätze von Treu und Glauben im Einzelfall einen angemessenen Ausgleich schaffen.

§ 21

Gesetzliche Beschränkungen des Vertragsinhalts

Eine gesetzliche Beschränkung des Inhalts der Schuldverhältnisse wird vom BGB häufig bei den einzelnen Schuldverhältnissen getroffen. Von allgemeiner Art sind die Bestimmungen, die einem Vertrag die Gültigkeit nehmen, der auf eine unmögliche, verbotene oder sittenwidrige Leistung gerichtet ist.

I. Ein auf eine unmögliche Leistung gerichteter Vertrag ist nichtig (§ 306).

Beispiel: Nichtigkeit eines Vertrages über einen Gegenstand, der bei Kaufabschluß bereits nicht mehr vorhanden ist.

§ 306 betrifft nur die objektiv unmögliche Leistung, die niemand erbringen kann. Gleichzusetzen ist ihr die wirtschaftliche Unmöglichkeit (vgl. oben Seite 38). § 306 betrifft dagegen nicht das (persönliche) Unvermögen des Schuldners zur Leistung. Ist nämlich nur der Schuldner zur Leistung nicht in der Lage, so ist der Vertrag gültig und der Schuldner zum Ersatz des vollen Interesses verpflichtet (h. L.).

Der auf eine unmögliche Leistung gerichtete Vertrag ist gültig, wenn die Parteien schon bei Abschluß des Vertrages damit rechneten, daß die Leistung möglich wird und der Vertrag für diesen Fall geschlossen wird (§ 308 Abs. 1).

Beispiel: Versprechen der Lieferung beschlagnahmter Ware für den Fall der Freigabe (RGZ 102, 255).

Ebenso ist der Vertrag gültig, wenn die unmögliche Leistung unter einer aufschiebenden Bedingung oder unter einem Anfangstermin versprochen wird und vor dem Eintritt der Bedingung oder des Termins möglich wird (§ 308 Abs. 2).

Soweit Nichtigkeit vorliegt, muß derjenige Teil, der die Unmöglichkeit kannte oder fahrlässig nicht kannte /(„kennen mußte"), dem anderen Teil den Vertrauensschaden (negatives Interesse) bis zur Grenze des Erfüllungsinteresses ersetzen. Die Ersatzpflicht tritt nicht ein, wenn der andere Teil die Unmöglichkeit ebenfalls kannte oder kennen mußte (§ 307).

II. Nichtig ist ein Vertrag, der gegen ein gesetzliches Verbot verstößt (§ 134).

Wer die Verbotswidrigkeit kannte oder kennen mußte, ist ebenso wie bei der unmöglichen Leistung zum Ersatz des negativen Interesses verpflichtet (§ 309).

Das gesetzliche Verbot muß die Nichtigkeit des Geschäftes als solches bezwecken. Dies ist z. B. nicht der Fall bei Verkäufen in Geschäften außerhalb der polizeilich zulässigen Oeffnungszeiten. Diese sind also gültig. Bei Verstößen gegen die Preisbildungsvorschriften tritt bei beweglichen Sachen keine Nichtigkeit, sondern nur Preisherabsetzung ein (h. L., vgl. RGZ 166, 93), bei Grundstücken gilt die Verordnung über die Preisüberwachung und die Rechtsfolgen von Preisverstößen im Grundstücksverkehr vom 7. 7. 42 (vgl. unten Seite 52).

III. Nichtig sind Geschäfte, die gegen die guten Sitten verstoßen (§ 138). Eine besondere Ausprägung findet dieser Rechtsgedanke in den §§ 310 und 312. Danach ist ein Vertrag nichtig, durch den jemand sich verpflichtet, sein künftiges Vermögen oder einen Bruchteil davon zu übertragen oder mit einem Nießbrauch zu belasten (§ 310). Ebenso sind Verträge über den

Nachlaß einen noch lebenden Dritten oder über den Pflichtteil oder ein Vermächtnis aus einem solchen Nachlaß für nichtig erklärt (§ 312).

Um jedoch einem Bedürfnis — namentlich bei Auswanderungsfällen — zu entsprechen, sind Verträge unter gesetzlichen Erben über den gesetzlichen Erbteil oder den Pflichtteil eines von ihnen zulässig. Ein solcher Vertrag bedarf jedoch der gerichtlichen oder notariellen Beurkundung (§ 312 Absatz 2).

§ 22
Die Form der Verträge

Eine allgemeine Ausprägung der Vertragsfreiheit des bürgerlichen Rechtes ist die Formfreiheit. Schuldverträge bedürfen in der Regel keiner Form, es sei denn, daß das Gesetz in Einzelfällen etwas Gegenteiliges bestimmt.

I. Bei einigen der einzelnen Schuldverhältnisse hat das Gesetz besondere Formvorschriften vorgeschrieben.

Beispiel: Miet- und Pachtverträge, die auf längere Zeit als ein Jahr abgeschlossen werden (§§ 566, 581), Uebernahme einer Bürgschaft (§ 766), Schuldversprechen und Schuldanerkenntnis (§§ 780, 781). Diese bedürfen der Schriftform. Das Schenkungsversprechen (§ 518) bedarf der gerichtlichen oder notariellen Beurkundung.

II. Wegen ihrer grundsätzlichen Bedeutung ist die Formbedürftigkeit gewisser Rechtsgeschäfte im allgemeinen Teil des Schuldrechts geregelt. Danach sind gerichtlich oder notariell zu beurkunden:

1. Der Vertrag, durch den sich der eine Teil verpflichtet, sein gegenwärtiges Vermögen oder einen Bruchteil davon zu übertragen oder mit einem Nießbrauch zu belasten (§ 311).

Dieser Vertrag bedeutet nur eine schuldrechtliche Verpflichtung auf Uebertragung des Vermögens. Die Uebertragung selbst muß durch Einzelakte erfolgen. Ist die Form nicht gewahrt, so tritt durch die Erfüllung keine Heilung ein, wie sich durch Umkehrschluß aus § 313 ergibt. Geht der Wille der Vertragschließenden nur auf Uebertragung einzelner Vermögensstücke, so ist der Vertrag nicht formbedürftig, auch wenn diese tatsächlich das ganze Vermögen ausmachen. Andererseits ist § 311 anzuwenden, wenn der Wille der Vertragschließenden auf die Uebertragung des ganzen Vermögens geht und nur einzelne Gegenstände von untergeordneter Bedeutung ausgeschlossen sind.

§ 311 gilt auch für Verpflichtungen juristischer Personen zur Uebertragung ihres Vermögens (h. L.).

2. Der Vertrag unter künftigen gesetzlichen Erben über den Erbteil oder den Pflichtteil (§ 312 Abs. 2) — vgl. oben —.

III. Der Grundstücksveräußerungsvertrag.

Ein Vertrag, durch den sich jemand verpflichtet, das Eigentum an einem Grundstück zu übertragen, bedarf der gerichtlichen oder notariellen Beurkundung (§ 313 Satz 1).

Durch diese praktisch äußerst wichtige Bestimmung will das Gesetz übereilte Grundstücksgeschäfte in jeder Form verhindern.

1. Der Formzwang umfaßt in der Hauptsache die Grundstückskauf- und -tauschverträge. Doch will die Formvorschrift jeden, der, wenn auch nur mittelbar, eine Verpflichtung zur Veräußerung eines Grundstückes eingeht, vor Uebereilung schützen. Daher sind auch formbedürftig: Vorverträge zu Grundstücksveräußerungen, die Verpflichtung zur Bestellung eines dinglichen oder persönlichen Vorkaufsrechtes oder zur Uebertragung von Miteigentum.

Weiterhin ist § 313 anzuwenden, wenn in Verträgen anderen Inhalts eine Verpflichtung zur Grundstücksveräußerung übernommen wird.

Beispiel: Einbringung von Grundstücken in eine Gesellschaft (Formbedürftigkeit des Gesellschaftsvertrages), Veräußerung eines Handelsgeschäftes, zu dem ein Grundstück gehört (Formbedürftigkeit des Veräußerungsvertrages).

Formbedürftigkeit des außergerichtlichen Vergleiches, wenn darin die Verpflichtung zur Grundstücksveräußerung neu übernommen oder verschärft wird (RGZ 94, 152), des Schuldübernahmevertrages, in dem sich der Verkäufer zur Veräußerung verpflichtet.

Dagegen ist die Vollmacht zum Abschluß eines Grundstücksveräußerungsvertrages ebenso wie die Auflassungsvollmacht formfrei (§ 167 Abs. 2). Nur wenn die Vollmacht unwiderruflich ist oder mit ihrer Erteilung eine sonstige tatsächliche Bindung für den Vollmachtgeber eintritt, ist sie formbedürftig.

Beispiel: Formbedürftigkeit der Vollmacht, wenn der Bevollmächtigte zum Abschluß des Kaufvertrages mit sich selbst ermächtigt ist (§ 181), wenn ein Angestellter des Erwerbers bevollmächtigt wird, der nur nach dessen Willen handeln darf oder wenn sich sonst die Vollmacht nur als ein in andere rechtliche Form gekleideter Kaufvertrag darstellt.

Nicht formbedürftig sind dagegen alle Verträge, die nur eine Verpflichtung zur Grundstücksbelastung (z. B. mit Hypotheken, Nießbrauch usw.) zum Gegenstand haben. Dagegen ist der Formzwang für das Erbbaurecht ausdrücklich geschaffen worden (§ 11 Abs. 2 der Verordnung über das Erbbaurecht vom 15. 1. 1919). Formfrei sind Aufträge und Geschäftsbesorgungsverträge, auf Grund deren sich der Beauftragte bemühen soll, ein Grundstück zu besorgen, da den Beauftragten keine Veräußerungspflicht trifft.

2. Der Form bedarf der ganze Vertrag einschl. sämtlicher Nebenabreden, die nach Auffassung der Parteien Teil des Vertrages sind oder mit dem Vertrag im Zusammenhang stehen.

Beispiel: Wird ein einheitlicher Kaufvertrag in zwei getrennten Verträgen niedergelegt, so ist der rechtliche Zusammenhang der beiden Verträge ein wesentlicher Bestandteil. Wird er nicht beurkundet, so sind beide Verträge nichtig.

a) Haben die Parteien bewußt Unrichtiges beurkundet, so ist der ganze Vertrag als Scheingeschäft nichtig (§ 117), der „zugrundeliegende Vertrag" ist nicht formgerecht beurkundet. Dies ist häufig bei sog. „Schwarzkäufen" der Fall, d. h. bei Kaufverträgen, bei denen ein niedrigerer Kaufpreis beurkundet wird, als tatsächlich gezahlt wird. Haben die Parteien die unrichtige Beurkundung vorgenommen, um Steuern zu sparen oder um die Preisbehörde zu täuschen, so gilt, von Ausnahmen abgesehen, gemäß § 4 der Verordnung vom 7. 7. 42 über die Preisüberwachung im Grundstücksverkehr (RGBl. I, 451) das beurkundete Entgelt als geschuldet.

b) Haben die Parteien dagegen unbewußt Unrichtiges beurkundet, während sie über das in Wirklichkeit gemeinte einig waren, so liegt nur eine falsche Bezeichnung vor, und das vereinbarte ist maßgebend, so namentlich bei falscher Kataster- oder Grundstücksbezeichnung.

3. Die Folge des Formmangels ist Nichtigkeit des ganzen Vertrages. Die Nichtigkeit tritt in vollem Umfange auch dann ein, wenn einzelne Bestimmungen des Vertrages nicht mitbeurkundet sind, es sei denn, daß der Vertrag auch ohne diese Bestimmungen geschlossen wäre (§ 139). Die Berufung auf den Formmangel kann jedoch einen Rechtsmißbrauch darstellen, wenn derjenige, der den Mangel rügt, vorsätzlich oder fahrlässig den anderen Teil in den Glauben versetzt hat, daß eine Form nicht notwendig sei.

4. Die Heilung des Formmangels.

Ein ohne Beobachtung der Form geschlossener Vertrag wird seinem ganzen Inhalt nach gültig, wenn die Auflassung und die Eintragung in das Grundbuch erfolgen (§ 313 Satz 2).

Die Heilung erstreckt sich auf den Vertrag im ganzen und umfaßt auch alle schriftlichen und mündlichen Nebenabreden. Sie tritt nur für die Zukunft ein und nur hinsichtlich des Formmangels. Sonstige Mängel (Willensmängel, fehlende Vertretungsmacht u. ä.) können auch nach Vornahme von Auflassung und Eintragung noch geltend gemacht werden.

Da Auflassung u n d Eintragung zur Heilung des Formmangels erforderlich sind, kann der Verkäufer bis zur Eintragung bei mangelnder Form des Kaufvertrages die Auflassung wegen fehlenden Rechtsgrundes zurückfordern (§ 812). Er hat dieses Recht jedoch nicht, wenn er bei Abgabe der Auflassungserklärung die Unwirksamkeit des Kaufvertrages gekannt hat (§ 814). Die Erhebung der Bereicherungsklage hindert jedoch nicht die Eintragung und nimmt ihr auch nicht die heilende Kraft bezüglich des Formmangels. Der Verkäufer muß daher die Eintragung anderweit hindern. Dies geschieht, indem er einstweilige Verfügung erwirkt, die dem Käufer den Erwerb des Grundstückes verbietet. Eine dennoch erfolgte Eintragung würde in entsprechender Anwendung von §§ 135, 136 dem Verkäufer gegenüber unwirksam sein (vgl. RGZ 117, 290; 120, 118).

In der Praxis hat § 313 Satz 2 jedoch keine allzu große Bedeutung mehr, da durch § 2 der Verordnung über die Auflassungen vom 11. 5. 34 (RGBl. I, 378) Auflassungen nur entgegengenommen werden sollen, wenn die nach § 313 Satz 1 erforderlichen Urkunden über das Veräußerungsgeschäft vorgelegt werden oder dieses gleichzeitig errichtet wird.

§ 23

Der gegenseitige Vertrag

Vorbemerkung:

Alle Schuldverträge sind in ihrer Entstehung gegenseitig, da sie gegenseitige Willenserklärungen voraussetzen. Nach ihren Wirkungen sind sie jedoch verschieden. Es gibt einseitig verpflichtende Verträge, unvollkommen und vollkommen zweiseitig verpflichtende („gegenseitige") Verträge.

Einseitige Verträge begründen nur Verpflichtungen einer der Vertragsparteien (z. B. Schenkungs- oder Bürgschaftsversprechen, §§ 518, 765).

Unvollkommen zweiseitige Verträge begründen notwendigerweise Verpflichtungen einer Vertragspartei, während für die andere Partei nur unter gewissen Umständen Verpflichtungen entstehen (z. B. besteht beim Auftrag notwendigerweise die Pflicht des Beauftragten, tätig zu werden, während der Auftraggeber nur möglicherweise zum Ersatz von Aufwendungen verpflichtet ist, §§ 662, 670).

Zweiseitig verpflichtende Verträge (gegenseitige oder „synallagmatische" Verträge) begründen notwendigerweise Rechte und Pflichten auf beiden Seiten, und zwar dergestalt, daß jede Partei ihre Leistung als Entgelt für die Leistung der anderen verspricht (z. B. Kauf-, Tausch-, Miet- und Werkvertrag, aber auch Gesellschaftsvertrag). Diese Abhängigkeit der beiderseitigen Leistungen bewirkt, daß die Entstehung der einen Verpflichtung sich vollkommen nach der anderen richtet. Die Geltendmachung der einen Verbindlichkeit ist nur möglich, wenn gleichzeitig die andere bewirkt wird (Grundsatz der Leistung Zug um Zug, § 322).

A. Die Einrede des nicht erfüllten Vertrages.

1. Wer aus einem gegenseitigen Vertrag verpflichtet ist, kann die ihm obliegende Leistung bis zur Bewirkung der Gegenleistung verweigern, es sei denn, daß er vorzuleisten verpflichtet ist (§ 320 Abs. 1 Satz 1).

Die Einrede des nicht erfüllten Vertrages ermöglicht die Durchführung des Grundsatzes der Leistung Zug um Zug. Sie will jeden Teil zur Gegenleistung verhelfen und kann daher nicht durch Sicherheitsleistung abgewendet werden (§ 320 Abs. 1 Satz 3: „Die Vorschriften des § 273 Satz 3 finden keine Anwendung.").

2. Die Einrede des nicht erfüllten Vertrages hat der Schuldner auch dann, wenn der Gläubiger nicht gehörig erfüllt hat, wenn also die Gegenleistung nur teilweise oder mangelhaft erbracht ist (sog. Einrede des nicht ordnungsgemäß erfüllten Vertrages). Der Schuldner kann auch hier die ganze Gegenleistung verweigern, bis der Gläubiger die Leistung ordnungsgemäß erbracht hat. Die Einrede besteht nur dann nicht, wenn die Verweigerung nach den Umständen, insbesondere wegen verhältnismäßiger Geringfügigkeit des rückständigen Teiles gegen Treu und Glauben verstoßen würde (§ 320 Abs. 2).

3. Verfahrensrechtliches.

Der Kläger kann sich darauf beschränken, auf Leistung schlechthin zu klagen, denn der Beklagte ist darauf angewiesen, sein Recht auf die Gegenleistung durch die Einrede selbst geltend zu machen.

Beispiel: Der Verkäufer braucht nur den Kaufpreis einzuklagen, ohne dartun zu müssen, daß er den verkauften Gegenstand geliefert hat oder zur Lieferung bereit ist.

Erscheint der Beklagte im Termin nicht, so muß gegen ihn Versäumnisurteil auf vorbehaltlose Leistung ergehen; entsprechend wird er unbeschränkt verurteilt, wenn er erscheint, aber die Einrede nicht erhebt. Beruft sich der Beklagte auf den noch nicht erfüllten Vertrag, so ist der Kläger beweispflichtig, daß er schon erfüllt hat, außer wenn der Beklagte die Leistung als Erfüllung angenommen hat (§ 364). Mißlingt dem Kläger der Beweis, so wird die Klage nicht abgewiesen, sondern es erfolgt die Verurteilung zur Leistung Zug um Zug (§ 322 Abs. 1).

Hat der Kläger ein Urteil auf Leistung Zug um Zug erstritten, so kann er seinen Anspruch im Wege der Zwangsvollstreckung ohne Bewirkung seiner eigenen Leistung nur verwirklichen, wenn er den Beklagten in Annahmeverzug versetzt (§ 322 Abs. 3, § 274 Abs. 2 BGB und §§ 726 Abs. 2, 756, 765 ZPO).

4. Vorleistungspflicht.

Die Einrede des nicht erfüllten Vertrages entfällt, wenn eine Partei vorleistungspflichtig ist.

Kraft Gesetzes besteht eine Vorleistungspflicht für den Vermieter (§ 551), den Dienstverpflichteten (§ 614) und den Werkunternehmer (§ 641). Sie kann aber auch durch Vereinbarung der Parteien entstehen.

Die Vorleistung ist jedoch dem Leistungspflichtigen nicht mehr zuzumuten, wenn in den Vermögensverhältnissen des anderen Teiles eine wesentliche Verschlechterung eintritt, durch die sein Anspruch auf die Gegenleistung gefährdet wird. Der Vorleistungspflichtige hat daher unter diesen Voraussetzungen das Recht, seine Leistung zu verweigern, bis die Gegenleistung bewirkt oder Sicherheit für sie geleistet wird (§ 321).

Bereits bei Abschluß des Vertrages vorhandene schlechte Vermögensverhältnisse lassen die Vorleistungspflicht nicht entfallen. Doch kann sich der Vorleistungspflichtige u. U. durch Anfechtung wegen Irrtums über die Kreditwürdigkeit (§ 119 Abs. 2), wegen arglistiger Täuschung (§ 123) oder durch Schadenersatzansprüche nach §§ 823 Abs. 2, 826 helfen.

Ist der Vorleistungsberechtigte im Annahmeverzug, so kann der Vorleistungspflichtige auf Leistung nach Empfang der Gegenleistung klagen (§ 322 Abs. 2). Die Vollstreckung dieses Urteils erfolgt dann wie bei einem Urteil auf Leistung Zug um Zug (h. L.).

B. Die Unmöglichkeit bei gegenseitigen Verträgen.

In den §§ 323—325, 327 sind für die gegenseitigen Verträge die Rechtsfolgen behandelt, die die Unmöglichkeit auf die Gegenleistung hat. Diese Rechtssätze beziehen sich nur auf die nachträgliche Unmöglichkeit und das nachträgliche Unvermögen des Schuldners zur Leistung. Sie ergänzen insoweit die §§ 275, 279—283. Ist die Leistung von Anfang an unmöglich, so sind dagegen ausschließlich die §§ 306 ff. (vgl. oben Seite 48) anwendbar.

Für den Einfluß der Unmöglichkeit auf die Gegenleistung ist danach zu unterscheiden, ob die Unmöglichkeit von keiner der Parteien (§ 323) vom Gläubiger (§ 324) oder vom Schuldner zu vertreten ist (§ 325).

I. Von keiner der Parteien zu vertretende Unmöglichkeit (§ 323).

1. Hat keine der Parteien die Unmöglichkeit zu vertreten, so verliert der Schuldner den Anspruch auf die Gegenleistung (§ 323 Abs. 1). Der Schuldner trägt also bis zur Erfüllung die Gefahr der Gegenleistung.

Die Befreiung des Schuldners von seiner eigenen Leistungspflicht ergibt sich bereits aus § 275.

Ist die Leistung nur teilweise unmöglich geworden, so mindert sich die Gegenleistung im Verhältnis des Wertes der vollständigen Leistung zum Werte der noch möglichen Teilleistung.

Beispiel: Sollte eine Ware nach Japan geliefert werden und waren die Transportkosten im Preise enthalten, so liegt teilweise Unmöglichkeit vor, wenn die Lieferung infolge der Kriegsereignisse nicht mehr ausgeführt werden kann. Der Preis für die Ware ist dann in dem Verhältnis herabzusetzen, in dem zur Zeit des Verkaufes ihr Handelswert zum Wert des (unmöglich gewordenen) Transportes stand (vgl. RGZ 92, 14).

2. Verlangt der Gläubiger gemäß § 281 den Ersatz für die unmöglich gewordene Leistung (das sog. stellvertretende commodum), so bleibt er zur Gegenleistung verpflichtet. Diese mindert sich jedoch insoweit, als der Wert des Ersatzes oder des Ersatzanspruches hinter dem Wert der geschuldeten Leistung zurückbleibt (§§ 323 Abs. 2, 472, 473).

Beispiel: Der Autokäufer kann die Versicherungssumme für das nach Vertragsschluß bei einem Zusammenstoß zerstörte Fahrzeug beanspruchen. War das Fahrzeug höher versichert, als es seinem Wert entsprach, oder deckte die Versicherung dessen Wert, so muß der Käufer den vollen Kaufpreis bezahlen. War das Fahrzeug dagegen nur zu $^2/_3$ seines Wertes versichert, so ist der Kaufpreis auch nur zu $^2/_3$ zu zahlen.

3. Hat der Gläubiger bereits seine Gegenleistung erbracht, ohne daß nach dem Ausgeführten eine Verpflichtung für ihn bestand, so kann er sie nach den Vorschriften über die Herausgabe einer ungerechtfertigten Bereicherung zurückverlangen (§ 323 Abs. 3).

II. Vom Gläubiger zu vertretende Unmöglichkeit (§ 324).

1. Hat der Gläubiger die Unmöglichkeit zu vertreten, so behält der Schuldner den Anspruch auf die Gegenleistung (§ 324 Abs. 1 Satz 1).

Die Befreiung des Schuldners von seiner Leistungspflicht ergibt sich auch hier aus § 275.

Beispiel: Der Gläubiger liefert schuldhafterweise zur Ausführung von Druckarbeiten so schlechtes Papier, daß der Druck nach mehrfachen Versuchen eingestellt werden muß. Eine Nachlieferung von Papier ist nicht möglich. Der Gläubiger hat dann an die Druckerei die vereinbarte Vergütung zu bezahlen.

2. Der Schuldner muß sich jedoch dasjenige anrechnen lassen, was er infolge der Befreiung von der Leistung erspart oder durch anderweitige Verwendung seiner Arbeitskraft erwirkt oder zu erwerben böswillig unterläßt (§ 324 Abs. 1 Satz 2).

Beispiel: (wie 1). Der Druckereibetrieb hat die ersparten Unkosten (Druckerschwärze, elektrischen Kraftstrom, Löhne) oder Einnahmen durch anderweitige Benutzung der Maschinen von der vereinbarten Vergütung abzusetzen.

3. Der Schuldner behält gemäß § 324 Abs. 2 ebenfalls den Anspruch auf die Gegenleistung, wenn die von ihm nicht zu vertretende Unmöglichkeit zu einem Zeitpunkt eintritt, in welchem der Gläubiger im Annahmeverzuge ist. Die Unmöglichkeit braucht also vom Gläubiger nicht verschuldet, sondern kann auch für ihn eine zufällige sein.

Beispiel: Die vom Gläubiger bestellte und ihm angebotene Maschine wird beim Schuldner infolge eines durch Kurzschluß verursachten Brandes zerstört. Der Schuldner behält dann den Anspruch auf die Gegenleistung.

III. Vom Schuldner zu vertretende Unmöglichkeit (§ 325).

Hat der Schuldner die Unmöglichkeit der Leistung zu vertreten, so kann er gegenüber dem Gläubiger die in § 325 bestimmten Rechte geltend machen:

1. Der Gläubiger kann Schadenersatz wegen Nichterfüllung verlangen.

Das Verhältnis dieses Anspruches zu der vom Gläubiger zu erbringenden Gegenleistung ist bestritten. Nach der Austausch- (oder Surrogations-) Lehre bleibt der Gläubiger zur Gegenleistung verpflichtet, während an die Stelle der unmöglich gewordenen Leistung der Schadenersatzanspruch tritt.

Beispiel: Wird ein Tauschvertrag über einen silbernen Ring im Werte von 700 RM gegen eine goldene Kette im Werte von 800 RM abgeschlossen und wird dem Schuldner der Kette ihre Lieferung schuldhaft unmöglich, so muß der Gläubiger nach der Austauschlehre den Ring leisten und kann selbst 800 RM Schadenersatz verlangen.

Nach der Differenzlehre kann der Gläubiger die Gegenleistung einbehalten und die Differenz zwischen dem erlittenen Schaden und der erstarrten Gegenleistung fordern. Der Anspruch des Gläubigers wird damit zu einer einseitigen, auf Geld gerichteten Forderung.

Beispiel: Nach der Differenzlehre braucht der Gläubiger den Ring nicht zu liefern, sondern kann als Schadenersatz den Mehrwert der Kette (100 RM) verlangen.

Der Differenzlehre folgt die Rechtsprechung, jedoch mit der Maßgabe, daß der Gläubiger berechtigt, aber nicht verpflichtet ist, seine Leistung dem Schuldner anzubieten und Schadenersatz für die nicht erbrachte Leistung verlangen kann (sog. Mittelmeinung) (vgl. u. a. RGZ 50, 262 ff.; 127, 248).

2. Der Gläubiger kann von dem Vertrage zurücktreten.

Der Rücktritt hebt als rechtsgestaltende Willenserklärung die Wirkungen des Vertrages auf und verpflichtet die Parteien, schon gemachte Leistungen nach den Vorschriften über das vertragsmäßige Rücktrittsrecht zu gewähren (§ 327).

Daher ist nach Erklärung des Rücktritts ein Schadenersatzanspruch nicht mehr möglich (RGZ 61, 130). Andererseits kann der Gläubiger noch zurücktreten, solange er zwar Schadenersatz gewählt, aber noch nicht erhalten hat (RGZ 109, 187).

3. Der Gläubiger kann weiterhin statt des Anspruchs auf Schadenersatz und des Rücktritts auch die für den Fall des § 323 bestimmten Rechte geltend machen (§ 325 Abs. 1 Satz 3).

Der Gläubiger kann damit verlangen, daß die Unmöglichkeit so behandelt wird, als ob sie vom Schuldner nicht zu vertreten ist. Er kann dann den Vertrag als erloschen betrachten oder Ersatz des stellvertretenden commodum gemäß § 281 verlangen (vgl. I 2).

4. Schließlich kann der Gläubiger auch unabhängig von § 325 seine eigene Leistung ablehnen unter Hinweis auf die Unmöglichkeit der Gegenleistung oder die Einrede des nicht erfüllten Vertrages erheben (§ 320). Damit bleibt ihm der Beweis für die Unmöglichkeit der Leistung erspart.

Beruft sich dann der Schuldner darauf, so ist damit auch dargetan, daß seine eigene Leistungspflicht erloschen ist.

5. Bei teilweiser Unmöglichkeit hat der Gläubiger dieselben Rechte hinsichtlich des unmöglich gewordenen Teiles. Nur wenn die teilweise Unmöglichkeit für den Gläubiger zur Folge hat, daß die Erfüllung des Vertrages für ihn ohne Interesse ist, kann er Schadenersatz wegen Nichterfüllung der ganzen Verbindlichkeit verlangen oder ist zum Rücktritt vom ganzen Vertrage berechtigt (§ 325 Abs. 1 Satz 2).

Bei der sog. fingierten Unmöglichkeit gemäß § 283 (siehe oben Seite 40) kann der Gläubiger nach fruchtlosem Ablauf der dem Schuldner gesetzten Frist ebenfalls die Rechte aus § 325 geltend machen (§ 325 Abs. 2).

C. Der Verzug des Schuldners bei gegenseitigen Verträgen

Die Rechtsfolgen, die der Verzug des Schuldners auf die Gegenleistung ausübt, ist im § 326 (§ 327) geregelt, zugleich werden die allgemeinen Vorschriften über die Voraussetzungen und Wirkungen des Verzuges ergänzt.

I. Der Gläubiger hat danach bei gegenseitigen Verträgen folgende Rechte:

1. Er kann gemäß § 286 Abs. 1 Erbringung der geschuldeten Leistung und Ersatz des Verspätungsschadens verlangen (siehe oben Seite 41).

2. Er kann gemäß § 326 Schadenersatz wegen Nichterfüllung des Vertrages verlangen, wobei für die Berechnung des Schadenersatzes das oben Seite 57 über Austausch- und Differenztheorie Ausgeführte gilt.

3. Er kann gemäß § 326 von dem Vertrage zurücktreten.

II. Um die Rechte aus § 326 BGB auszuüben, muß der Gläubiger dem Schuldner eine angemessene Frist zur Bewirkung der Leistung setzen und diese mit der Erklärung verbinden, daß er die Annahme der Leistung nach Fristablauf ablehnen.

Im einzelnen gilt:

1. Der Schuldner darf nicht mit einer beliebigen Pflicht im Verzuge sein, sondern es muß sich um die Hauptpflicht handeln.

Beispiel: Der Käufer ist gemäß § 433 Abs. 2 zur Abnahme des gekauften Gegenstandes verpflichtet. Dies ist jedoch regelmäßig keine Hauptpflicht. Daher berechtigt die Nichterfüllung den Verkäufer nicht, die Rechte aus § 326 geltend zu machen, anders wenn die Abnahme Hauptpflicht ist wie beim Verkauf von Häuserruinen auf Abbruch.

Ist der Schuldner mit einer Teilleistung im Verzuge, so hat der Gläubiger die Rechte aus § 326 nur wegen dieser Teilleistungen. In entsprechender Anwendung von § 326 Abs. 1 Satz 3 hat er dieselben Befugnisse aber auch bezüglich der ganzen Verbindlichkeit, wenn infolge des Teilverzuges die Erfüllung des ganzen Vertrages für ihn kein Interesse mehr hat.

2. Der Gläubiger muß seinerseits vertragstreu sein, d. h. bei Leistung Zug um Zug zur Leistung bereit und imstande, bei Vorleistungspflicht muß er vorgeleistet haben.

3. Fristsetzung und Ablehnungserklärung müssen miteinander verbunden sein. Im allgemeinen kann die Fristsetzung erst nach Verzugsbeginn erfolgen, es ist jedoch zulässig, die Mahnung, die den Schuldner in Verzug setzt, mit der Fristsetzung zu verbinden. Ist die Frist zu kurz bemessen, so ist diese nicht wirkungslos, sondern setzt eine angemessene Nachfrist in Lauf. Solange die Frist läuft, wird eine Verlängerung im allgemeinen mit den Interessen des Schuldners vereinbar sein.

Aus der Ablehnungserklärung muß unzweideutig hervorgehen, daß der Gläubiger die Erfüllung nach Fristablauf nicht mehr annehmen werde, doch ist nicht unbedingt erforderlich, daß die Worte des Gesetzes von dem Gläubiger benutzt werden.

Eine Fristsetzung ist nicht erforderlich,

a) wenn die Nichterfüllung des Vertrages als Folge des Verzuges für den Gläubiger kein Interesse mehr hat (§ 326 Abs. 2);

b) wenn der Schuldner auf eine Fristsetzung verzichtet hat oder die Erfüllung endgültig und ernstlich verweigert hat.

Mit fruchtlosem Fristablauf geht der Erfüllungsanspruch unter. Der Gläubiger hat nun nur noch die Wahl zwischen Schadenersatz wegen Nichterfüllung oder Rücktritt vom Vertrage.

Hat der Schuldner während der Nachfrist teilweise geleistet und der Gläubiger die Leistung angenommen, so kann der Gläubiger gemäß § 326 Abs. 1 Satz 3 (§ 325 Abs. 1 Satz 2) wegen des ganzen Vertrages Schadenersatz verlangen oder davon zurücktreten, wenn die teilweise Leistung für ihn kein Interesse mehr hat.

D. Die positive Vertragsverletzung bei gegenseitigen Verträgen

1. Ist bei einem gegenseitigen Vertrage eine positive Vertragsverletzung gegeben (vgl. oben S. 42), so kann der Gläubiger nicht nur Ersatz des durch die Verletzung entstandenen Schadens, sondern in entsprechender Anwendung von §§ 325 und 326 Schadenersatz wegen Nichterfüllung verlangen oder vom Vertrage zurücktreten. Die Ausübung dieser Rechte setzt aber für den vertragstreuen Teil voraus, daß er an der weiteren

Erfüllung des Vertrages kein Interesse mehr hat oder durch die Vertragsverletzung der Vertragszweck derart gefährdet ist, daß ihm die Fortsetzung des Vertrages nicht mehr zugemutet werden kann. Da Verzug nicht gleichzeitig vorzuliegen braucht (vgl. RGZ 106, 25), sind Mahnung oder Fristsetzung und Androhung nicht erforderlich.

2. Wann eine Gefährdung des Vertragszwecks gegeben ist, muß im Einzelfall nach der Natur des Vertrages und den besonderen Verhältnissen der Beteiligten entschieden werden.

a) Eine Gefährdung des Vertragszweckes hat vor allem Bedeutung bei Vertragsverletzungen solcher Verträge, die auf ein Zusammenwirken der Parteien aufgebaut sind und daher ein besonderes Vertrauensverhältnis voraussetzen. Hier genügt unter Umständen bereits ein einmaliges Vorkommnis, um dem anderen Teil die Fortsetzung des Vertrages nicht mehr zuzumuten.

Dies ist besonders bei solchen Verträgen anzunehmen, die auf eine längere Dauer abgestellt sind, wie z. B. Sukzessivlieferungsverträge. Im allgemeinen wird hier jedoch eine einmalige Schlechtlieferung für eine Gefährdung des Vertragszweckes noch nicht ausreichen.

b) Auch bei sofort abgewickelten Rechtsgeschäften mit einmaligen Leistungspflichten kann eine Vertragsverletzung derart schwerwiegend sein, daß dem anderen Teil die Fortsetzung des Vertrages nicht mehr zugemutet werden kann. Dies ist der Fall, wenn der Schuldner endgültig die Erfüllung verweigert oder durch unlauteres Verhalten den Gläubiger zur Annahme einer mangelhaften Leistung veranlassen will. (Vgl. das Beispiel RGZ 149, 189 oben Seite 43).

§ 24

Vertrag zu Gunsten Dritter

Vorbemerkung:

Während sich die Rechtsbeziehungen zwischen den am Schuldverhältnis beteiligten Personen im allgemeinen auf diese beschränken, ermöglicht der Vertrag zugunsten Dritter (§§ 328—335), daß auch ein am Vertragsschluß unbeteiligter Dritter einen Anspruch gegen den Schuldner erwirkt. Der Zweck einer derartigen Vereinbarung ist eine mittelbare Zuwendung des Gläubigers an den Dritten. Anstatt daß der Schuldner zunächst an den Gläubiger leistet und dieser dann an den Dritten, wird der Schuldner verpflichtet, unmittelbar an den Dritten zu leisten. Versprechen zugunsten Dritter können in jedem schuldrechtlichen Vertrage bedungen werden, z. B. in Kauf-, Miet-, Beförderungs- u. Versicherungsverträgen.

I. Arten der Verträge zugunsten Dritter.

Die Vertragsabrede an einen Dritten zu leisten, kann entweder dahin gehen, daß

1. nur der Gläubiger (Versprechensempfänger) das Recht hat, die Leistung an den Dritten zu fordern, der Dritte dagegen kein eigenes Forderungsrecht hat (sog. unechter Vertrag zugunsten Dritter);
2. der Dritte ein eigenes selbständiges Recht auf Leistung an sich hat (echter Vertrag zugunsten Dritter).

Welche der beiden Möglichkeiten im Einzelfall vorliegt, ist durch Vertragsauslegung zu ermitteln. In Ermangelung einer besonderen Bestimmung sind die tatsächlichen Verhältnisse des Einzelfalles zu würdigen, der Parteiwille, der Geschäftszweck und die Verkehrssitte zu berücksichtigen, sowie die Grundsätze der ergänzenden Vertragsauslegung heranzuziehen. Auch stillschweigend kann ein Vertrag zugunsten Dritter geschlossen werden.

Die Annahme eines Vertrages zugunsten Dritter wird in ständig steigendem Maße von der Rechtsprechung bejaht[1]), besonders um die Haftung für Hilfspersonen des Schuldners gemäß § 278 zu ermöglichen.

Beispiel: Echter Vertrag zugunsten Dritter im Verhältnis der Angehörigen und Angestellten des Mieters zum Vermieter. Diese können unmittelbar gegen den Vermieter Schadenersatzansprüche wegen gefahrbringender Beschaffenheit der Mieträume erheben. — Die Teilnehmer einer Veranstaltung haben gegen den Gastwirt unmittelbare Ansprüche auf gefahrlosen Zustand der Räume, die dieser dem Veranstalter zur Verfügung stellt. —

Bei einem Beförderungsvertrag haben die mitfahrenden Familienangehörigen des Vertragschließenden unmittelbare Ansprüche gegen die Beförderungsgesellschaft. —

Die Einrichtung eines Sparkontos auf den Namen eines Dritten kann einen echten Vertrag zugunsten Dritter darstellen. Ein Anzeichen dafür wird sein, ob den Dritten das Sparbuch ausgehändigt ist oder nicht. Wenn Eltern für ihre minderjährigen Kinder ein Sparbuch anlegen, so wollen sie im Zweifel noch selbst Gläubiger bleiben.

Die Auslegung entscheidet ferner darüber, ob das Recht des Dritten sofort oder nur unter gewissen Umständen entsteht (z. B. erst auf Grund einer besonderen Annahmeerklärung) oder ob die Vertragschließenden befugt sind, das Recht des Dritten ohne dessen Zustimmung aufzuheben oder zu ändern (§ 328 Abs. 2).

II. Gesetzliche Auslegungsregeln.

1. Eine gesetzliche Vermutung, ob ein echter oder unechter Vertrag zugunsten Dritter vorliegt, ist durch die §§ 329 und 330 gegeben.

a) Verpflichtet sich in einem Vertrage der eine Teil zur Befriedigung des Vertragsgegners, ohne die Schuld zu übernehmen (sog. Erfüllungsübernahme), so ist im Zweifel ein unechter Vertrag zugunsten des Dritten anzunehmen (§ 329).

---

1) Vgl. Zusammenstellung RGZ 127, 222.

b) Wird bei einer Lebensversicherung oder bei einem Leibrentenvertrag die Zahlung der Versicherungssumme oder der Leibrente an einen Dritten bedungen, so ist im Zweifel ein echter Vertrag zugunsten Dritter anzunehmen. Dem ist der Fall gleichgestellt, daß bei einer unentgeltlichen Zuwendung dem Bedachten eine Leistung an einen Dritten auferlegt oder bei einer Vermögens- oder Gutsübernahme von dem Uebernehmer eine Leistung an den Dritten zum Zwecke der Abfindung versprochen wird (§ 330).

2. Eine Vermutung für den Zeitpunkt, in dem der Dritte ein Recht auf die Leistung erhält, ergibt § 331.

Soll die Leistung erst nach dem Tode des Gläubigers erfolgen, so ist im Zweifel anzunehmen, daß der Rechtserwerb des Dritten auch erst mit dem Tode eintritt. Der Vertrag kann daher bis dahin auch im Zweifel noch geändert werden. Tritt der Rechtserwerb des Dritten aber mit dem Tode des Gläubigers ein, so beruht der Erwerb nur auf dem Vertrage, läßt also den Nachlaß des Gläubigers unberührt.

Beispiel: Versichert jemand zugunsten eines Dritten, z. B. seiner Ehefrau, sein Leben, so kann er — wenn nicht ausdrücklich das Recht des Dritten unwiderruflich begründet ist — zu seinen Lebzeiten über den Anspruch frei verfügen. Er kann ihn u. a. abtreten, verpfänden oder das Bezugsrecht widerrufen. Mit seinem Tode fällt die Versicherungssumme dem Dritten unmittelbar zu, gehört also nicht zum Nachlaß und kann von den Nachlaßgläubigern auch nicht in Anspruch genommen werden. Doch können die Pflichtteilsberechtigten mittels § 2325 zumindest die Erstattung der gezahlten Prämien verlangen (vgl. RGZ 128, 187 ff., über Gläubigeranfechtung RGZ 153, 220).

3. Aenderung des Vertragsinhaltes durch letztwillige Verfügung (§ 332).

Ergibt die Auslegung des Vertrages, daß eine einseitige Abänderungsbefugnis der einen Vertragspartei ausdrücklich oder stillschweigend vorbehalten ist — nach § 166 VersVertGes hat der Versicherungsnehmer einer Kapitalversicherung im Zweifel diese Befugnis —, so muß dies nach den allgemeinen Grundsätzen durch Erklärung gegenüber dem anderen Teil erfolgen. Gemäß § 332 kann diese Abänderung aber auch durch eine Verfügung von Todeswegen erfolgen.

III. Die Rechtsbeziehungen zwischen den Beteiligten.

Beim Vertrag zugunsten Dritter sind folgende Rechtsbeziehungen zu unterscheiden:

1. Verhältnis zwischen Gläubiger und Schuldner (Außen- oder Dekkungsverhältnis). Dieser Vertrag begründet die Verpflichtung des Schuldners, an den Dritten zu leisten.

a) Für die Formbedürftigkeit des Vertrages zugunsten Dritter ist allein dieses Verhältnis maßgebend.

Beispiel: Die Verpflichtung des Schuldners zur Grundstücksübereignung zugunsten eines Dritten ist formbedürftig gemäß § 313. Der Formvorschrift nach § 518 unterliegt ein Vertrag, in dem sich der Schuldner dem Gläubiger schenkweise verpflichtet, einem Dritten etwas zuzuwenden, nicht dagegen der Vertrag, in dem die Zuwendung zwischen dem Gläubiger und dem Dritten eine Schenkung darstellt.

Entsprechend sind die testamentarischen Formvorschriften nicht anzuwenden bezüglich einer mit einer Sparkasse bei Anlegung eines Guthabens getroffenen Vereinbarung, daß das Guthaben nach dem Tode des Einzahlenden dem Dritten zustehen soll (vgl. RGZ 106, 1).

b) Da nur diese Rechtsbeziehung die Leistungspflicht des Schuldners (Versprechenden) begründet, stehen dem Schuldner alle Einwendungen aus diesem Verhältnis auch dem Dritten gegenüber zu (§ 334).

Beispiel: Der Käufer eines Pferdes, der den Kaufpreis an einen Dritten zahlen soll, kann diesem gegebenenfalls entgegenhalten, daß der Kaufvertrag nichtig sei oder er den Vertrag wandle bzw. den Kaufpreis mindere oder Schadenersatz wegen Nichterfüllung verlange. Er kann jedoch dem Dritten gegenüber nicht mit einer Forderung aufrechnen, die ihm dem Verkäufer gegenüber zusteht.

2. Verhältnis zwischen Gläubiger und Drittem (Zuwendungs- oder Valutaverhältnis).

a) Die Leistung des Schuldners an den Dritten ist zugleich eine Zuwendung des Gläubigers an den Dritten.

Beispiel: Der Gläubiger kann mit der Leistung des Schuldners eine dem Dritten gegenüber bestehende Schuld tilgen oder ihm eine Schenkung machen, wie es besonders bei Lebensversicherungsverträgen zugunsten naher Angehöriger vorkommt.

Der Gläubiger hat im Zweifel neben dem Dritten das Recht, die Leistung an den Dritten zu fordern (§ 335).

b) Da der Dritte das Forderungsrecht im allgemeinen ohne sein Zutun erwirkt und es eines besonderen Beitritts nicht bedarf, hat er die Befugnis — ähnlich dem Beschenkten (§ 516 Abs. 2) und dem Erben (§ 1942) —, das erworbene Recht durch eine einseitige empfangsbedürftige Willenserklärung zurückzuweisen. Das Recht gilt dann als nicht erworben (§ 333). Hat der Dritte jedoch einmal angenommen, so ist eine Zurückweisung nicht mehr möglich. Ob der Gläubiger Leistung an sich fordern kann, wenn der Dritte den Erwerb zurückweist oder aus einem sonstigen Grunde die Forderung nicht erwirbt, ist im Gesetz nicht ausdrücklich geregelt. Auch diese Frage muß durch Auslegung entschieden werden (vgl. für Lebensversicherungen § 168 VersVertrGes).

c) Stellt sich das Zuwendungsverhältnis als unwirksam heraus, so kann der Gläubiger von dem Dritten die Herausgabe des Zugewendeten als ungerechtfertigte Bereicherung (§§ 812 ff.) verlangen, der Schuldner kann sich darauf jedoch nicht berufen.

Beispiel: Hat eine Versicherungsgesellschaft die Versicherungssumme an einen nicht erbberechtigten Dritten auf Grund eines Testamentes des Gläubigers ausgezahlt, das nachträglich wirksam angefochten wird, so haben nur die gesetzlichen Erben des Gläubigers, nicht aber die Versicherungsgesellschaft einen Bereicherungsanspruch.

§ 25

Draufgabe. Vertragsstrafe

I. Draufgabe.

Die Parteien vereinbaren gelegentlich beim Abschluß eines Vertrages eine sog. Draufgabe (Handgeld). Dies kann verschiedenartige Zwecke haben.

1. Die Draufgabe kann gegeben werden als Zeichen des ernstlichen Willens, einen bestimmten Vertrag abzuschließen. Es entspricht dann dem vermutlichen Parteiwillen, daß sie der Geber verliert, wenn er den Vertragsschluß verweigert. Dieser seltenere Fall ist im BGB nicht geregelt.

2. Wenn nichts anderes vereinbart ist, soll gemäß § 336 Abs. 1 eine Draufgabe im Zweifel als Zeichen des Vertragsabschlusses angesehen werden. Sie dient damit der Bestätigung des Vertragsschlusses.

Im Zweifel ist die Draufgabe auf die vom Geber geschuldete Leistung anzurechnen oder, falls dies nicht geschehen kann, bei der Erfüllung des Vertrages zurückzugeben (§ 337 Abs. 1). Ebenso besteht grundsätzlich eine Rückgabepflicht bei Wiederaufhebung des Vertrages (§ 337 Abs. 2), es sei denn, daß einer der Ausnahmefälle des § 338 gegeben ist.

3. Die Draufgabe kann schließlich auch dem Geber das Recht geben, gegen Verzicht auf ihre Rückgabe vom Vertrage zurückzutreten (sog. „Reugeld"). Nach § 336 Abs. 2 ist dies aber im Zweifel nicht anzunehmen.

II. Vertragsstrafe.

Die Parteien können auch eine Vertragsstrafe vereinbaren für den Fall, daß der Schuldner die von ihm zu erbringenden Leistung nicht oder nicht gehörig erfüllt. Sie dient als Druckmittel, um den Schuldner zur ordnungsmäßigen Erfüllung anzuhalten oder ist dazu bestimmt, dem Gläubiger bei Nichterreichung dieses Zweckes in ihrer Höhe vom Schadensnachweis zu befreien.

Beispiel: Um die Verschleuderung seiner Artikel zu unterbinden, läßt sich ein Fabrikant von seinen Abnehmern versprechen, daß der Weiterverkauf zu bestimmten Festpreisen erfolgen soll. Für jeden Fall der Zuwiderhandlung wird eine Vertragsstrafe von 10 000 RM vereinbart.

Die Vertragsstrafe kann in einer Geldsumme oder in der Leistung eines anderen Gegenstandes bestehen.

1. Die Vertragsstrafe ist nur das unselbständige Strafversprechen, das eine wirksame Hauptverbindlichkeit voraussetzt und in seinem Schicksal vollkommen von ihr abhängig ist. Besteht die Hauptverbindlichkeit nicht oder erlischt sie, so entfällt damit auch die Verpflichtung zur Leistung der Vertragsstrafe.

Von der Vertragsstrafe ist daher das sog. selbständige Strafgedinge zu unterscheiden. Dies ist gegeben, wenn jemand eine Strafe für den Fall verspricht, daß er eine bestimmte Handlung vornimmt oder unterläßt, bezüglich derer für ihn keinerlei Verpflichtung besteht.

Beispiel: Ein Mieter, der aus dem Mietvertrag nicht an eine bestimmte Mietszeit gebunden ist, verspricht eine Strafe für den Fall, daß er das Mietverhältnis innerhalb der ersten drei Jahre der Laufzeit des Vertrages kündigt.

2. Die Verwirkung der Vertragsstrafe tritt ein:

a) Wenn der Schuldner sich zur Vornahme einer Handlung verpflichtet hat, mit dem Eintritt des Schuldnerverzuges (§ 339 Satz 1). Der Schuldner muß also die Vertragsverletzung zu vertreten haben. Behauptet er, erfüllt zu haben oder an der Nichterfüllung schuldlos zu sein, so hat er dafür die Beweislast (§ 345).

b) Wenn der Schuldner sich zu einer Unterlassung verpflichtet hat mit der Zuwiderhandlung (§ 339 Satz 2).

Auch wenn hier nach dem Wortlaut des Gesetzes die Zuwiderhandlung als solche ausreicht, wird im allgemeinen die Vertragsauslegung ergeben, daß nur ein schuldhaftes Verhalten die Vertragsstrafe auslösen soll (vgl. auch RGZ 147, 233). Die Beweislast für die Zuwiderhandlung hat der Gläubiger (§ 345).

3. Für den Umfang der Leistung bei Verwirkung der Strafe ist darauf abzustellen, ob die Strafe für die Nichterfüllung (§ 340) oder nur für die nicht gehörige Erfüllung (§ 341) versprochen ist. Was im Einzelfalle vorliegt, ist durch Vertragsauslegung zu ermitteln, wobei oft nur die Höhe der Strafe einen Hinweis geben wird.

a) Ist die Strafe für den Fall der Nichterfüllung versprochen, so kann der Gläubiger nur entweder die verwirkte Strafe oder die Erfüllung verlangen. Hat der Gläubiger die Strafe gefordert, so ist der Anspruch auf Erfüllung ausgeschlossen (§ 340 Abs. 1).

Dagegen reicht das bloße Fordern der Erfüllung noch nicht zum Verlust des Strafanspruches aus. Dieser geht erst mit der Annahme der Erfüllung unter.

Beispiel: Der Verkäufer eines Hundes hat für den Fall der Nichtlieferung eine Vertragsstrafe versprochen und kommt mit der Lieferung in Verzug. Fordert jetzt der Käufer erneut zur Leistung auf, so kann er die Vertragsstrafe noch beanspruchen, wenn der Verkäufer den Hund nicht liefert. Hat er dagegen einmal erst die Vertragsstrafe begehrt, so ist der Anspruch auf den Hund ausgeschlossen.

Hat der Gläubiger Anspruch auf Schadenersatz wegen Nichterfüllung, so stellt die Strafe nur den Mindestbetrag des Schadens dar. Der Gläubiger kann also einen weitergehenden Erfüllungsschaden noch geltend machen (§ 340 Abs. 2).

b) Ist die Strafe für den Fall der nicht gehörigen Erfüllung — insbesondere nicht rechtzeitige Erfüllung — vereinbart, so kann er Gläubiger Erfüllung und Strafe verlangen (§ 341 Abs. 1).

Nimmt der Gläubiger die Erfüllung an, so kann er die Strafe nur beanspruchen, wenn er sich das Recht dazu „bei" der Annahme vorbehält — ein Erfordernis, das streng auszulegen ist (§ 341 Abs. 3).

Verlangt der Gläubiger Schadenersatz wegen nicht gehöriger Erfüllung, so muß er sich — wie unter a — die Vertragsstrafe auf den erlittenen Schaden anrechnen lassen (§ 341 Abs. 2).

Zu a und b.

Wird als Vertragsstrafe eine andere Leistung als eine Geldsumme versprochen, so schließt das Strafverlangen einen weitergehenden Schadenersatzanspruch aus. Der Gläubiger kann also in diesem Fall entweder nur die Vertragsstrafe oder den Schadenersatz verlangen (§ 342).

4. Ist die verwirkte Strafe unverhältnismäßig hoch, so kann sie auf Antrag des Schuldners durch Urteil auf einen angemessenen Betrag herabgesetzt werden (§ 343). Diese Bestimmung gilt auch für das selbständige Strafgedinge.

Die Strafe muß verwirkt, darf aber noch nicht bezahlt sein. Das Gesetz spricht ausdrücklich aus, daß bei der Herabsetzung jedes berechtigte Interesse des Gläubigers nicht nur das Vermögensinteresse zu berücksichtigen ist. Daneben sind aber auch die Belange des Schuldners, seine Vermögenslage und der Grad seines Verschuldens zu prüfen.

Die Herabsetzung erfolgt durch Gestaltungsurteil auf Klage des Schuldners, kann aber auch im Wege der Einrede geltend gemacht werden, wenn der Gläubiger auf Zahlung der Strafe klagt. Das richterliche Ermäßigungsrecht erstreckt sich nicht auf Vertragsstrafen, die von einem Vollkaufmann im Betriebe seines Handelsgewerbes versprochen worden sind (§ 348 HGB).

§ 26
Der Rücktritt

I. Der Rücktritt ist die einseitige Auflösung eines schuldrechtlichen Vertrages. Er erfolgt durch einseitige, unwiderrufliche Erklärung gegenüber dem anderen Teil. Sind auf der einen oder anderen Seite mehrere beteiligt, so kann das Rücktrittsrecht nur von allen und gegen alle ausgeübt werden, sodaß, wenn einer der Berechtigten das Rücktrittsrecht verliert, es für die übrigen ebenfalls erlischt (§§ 346, 349, 356).

Das Rücktrittsrecht entsteht,

1. wenn es sich eine oder beide Parteien durch Vereinbarung vorbehalten haben. Es dient dann häufig der Anpassung an ungewisse Verhältnisse in der Zukunft.

Beispiel: Ein Rücktrittsvorbehalt liegt in der Vereinbarung der „freibleibenden" Lieferung; der Vermieter kann sich im Mietvertrag über Wohnräume ein Rücktrittsrecht vorbehalten, darf dies jedoch bei den unter Mieterschutz fallenden Räumen nicht gegen den Willen des Mieters ausüben (§ 1 Abs. 3 MSchG), der Arbeitgeber kann sich den Rücktritt im Arbeitsvertrag vorbehalten, falls ihm der Arbeitnehmer kein Arbeitsbuch vorlegt.

2. wenn es kraft Gesetzes zugelassen ist.

Die auf das vertragliche Rücktrittsrecht abgestellten Vorschriften (§§ 346 ff.) sind kraft Gesetzes entsprechend anwendbar in den Fällen der §§ 325, 326 gemäß § 327 Satz 1, für die Wandlung beim Kauf und anderen Veräußerungsverträgen sowie beim Werkvertrag gemäß §§ 467, 493, 634. Diesen Fällen ist gemeinsam, daß der Gegner des Rücktrittsberechtigten schuldhaft oder zumindest objektiv vertragswidrig gehandelt hat. Eine allgemeine Anwendung der §§ 346 ff. auf gesetzliche Rücktrittsrechte ist daher nicht anzunehmen, insbesondere auch nicht bezüglich des Rücktritts wegen veränderter Umstände oder Wegfall der Geschäftsgrundlage. Der Ausgleich der beiderseitigen Leistungen hat in diesen Fällen nur nach Bereicherungsrecht (§§ 812 ff.) zu erfolgen (vgl. RGZ 116, 377; 130, 122).

II. Wirkungen des Rücktritts.

1. Durch die Ausübung des Rücktrittsrechts wird nur der schuldrechtliche Verpflichtungsvertrag vernichtet, die zum Zwecke der Vertragserfüllung bereits vorgenommenen dinglichen Erfüllungshandlungen, z. B. Eigentumsübertragungen, bleiben bestehen; diesen wird jedoch mit dem Rücktritt der Rechtsgrund genommen. Im Hinblick auf die bevorzugte Stellung des Rücktrittberechtigten läßt das Gesetz jedoch nicht die Rechtssätze der ungerechtfertigten Bereicherung (§§ 812 ff.) zur Anwendung kommen, sondern schafft ein besonderes neues Schuldverhältnis, das auf Rückgewähr der beiderseitigen Leistungen gerichtet ist und den Rückgabepflichtigen schärfer haften läßt als kraft Bereicherungsrecht.

2. Die Rückgewähr der beiderseitigen Leistungen hat Zug um Zug zu erfolgen und die Vorschriften der §§ 320, 322 der gegenseitigen Verträge sind entsprechend anwendbar (§§ 346 Satz 1, 348).

Wenn begrifflich eine Rückgewähr der erbrachten Leistung unmöglich ist, z. B bei geleisteten Diensten oder der Ueberlassung einer Sache zur Benutzung (Miete einer Wohnung), ist der Wert zu vergüten oder die von den Parteien im Vertrag etwa bestimmte Geldleistung zu entrichten (§ 346 Satz 2).

3. Ist ein Leistungsgegenstand zurückzugewähren, so finden bezüglich des Anspruches auf Schadenersatz wegen Unmöglichkeit, wegen der Herausgabe von Nutzungen und des Ersatzes von Verwendungen vom Empfang der Leistung an die Vorschriften Anwendung, „welche für das Verhältnis zwischen Eigentümer und Besitzer nach dem Eintritt der Rechtshängigkeit des Eigentumsanspruches gelten" (§ 347 Satz 1 und 2).

Diese strenge Haftung bereits vom Zeitpunkt des Empfangs der Leistung an ist darin begründet, daß der zur Rückgewähr Verpflichtete von vornherein mit dem Rücktritt rechnen mußte. Da dieser Rechtsgrund bei den gesetzlichen Rücktrittsrechten und bei der Wandlung entfällt, wird der Zeitpunkt der schärferen Haftung später anzusetzen und erst mit der Kenntnis des Empfängers von den Voraussetzungen des Rücktrittsrechts anzunehmen sein (str., vgl. grundlegend RGZ 145, 82 ff.).

4. Eine zurückzugewährende Geldsumme ist vom Empfang der Leistung an zu verzinsen (§ 347 Satz 3).

5. Kommt der Rücktrittsberechtigte selbst mit der Rückgewähr des empfangenen Gegenstandes in Verzug, so kann der andere Teil ihm eine angemessene Frist mit der Wirkung setzen, daß nach fruchtlosem Ablauf der erklärte Rücktritt wieder unwirksam wird, und es bei dem ursprünglichen Vertrag sein Bewenden hat, jedoch ohne den Rücktrittsvorbehalt (vgl. § 354 und RGZ 123, 388).

III. Vom Rücktritt sind zu unterscheiden:

1. die Kündigung.

Sie beendet das Vertragsverhältnis nur für die Zukunft (z. B. Kündigung des auf unbestimmte Zeit gemieteten Hotelzimmers, §§ 564 Abs. 2, 565), oder dient dazu, die Fälligkeit einer Forderung herbeizuführen (Kündigung eines auf unbestimmte Zeit gewährten Darlehns [§ 607]). Die bisher von den Parteien erbrachten Leistungen bleiben von der Kündigung unberührt.

2. der Widerruf.

Er betrifft meist Willenserklärungen, die erst einen Vertrag begründen sollen und befreit den Widerrufenden von der Bindung an seine Erklärungen (vgl. §§ 109, 130, 178 — anders § 530).

3. die Anfechtung.

Sie erfolgt auf Grund eines Mangels, der dem Geschäft von vornherein anhaftet und kann sich nicht nur auf den schuldrechtlichen (Verpflichtungs-) Vertrag, sondern auch auf das dingliche Erfüllungsgeschäft beziehen und dieses von Anfang an vernichten. Die §§ 346 ff. sind nicht anwendbar (vgl. RGZ 101, 390), der Ausgleich der beiderseitigen Leistungen erfolgt nach den Grundsätzen der ungerechtfertigten Bereichung (§§ 812 ff.) bzw. wenn die Anfechtung auch das dingliche Geschäft ergreift, nach sachenrechtlichen Vorschriften (§§ 985 ff.)

IV. Ausschluß des Rücktrittrechtes.

Der Rücktritt ist ausgeschlossen,

1. wenn der Rücktrittsberechtigte bzw. sein gesetzlicher Vertreter oder seine Hilfspersonen eine wesentliche Verschlechterung, den Untergang oder die anderweitige Unmöglichkeit der Herausgabe des empfangenen Gegenstandes verschuldet haben (§ 351). Der Unmöglichkeit ist das verschuldete Unvermögen des Rücktrittberechtigten gleichzustellen, wenn dieser den Gegenstand weiter veräußert hat, ohne den Dritterwerber zur Rückveräußerung zu verpflichten.

Der Rücktritt wird jedoch nicht dadurch ausgeschlossen, daß der Gegenstand, den der Berechtigte empfangen hat, durch Zufall untergeht (§ 350).

Beweispflichtig für den zufälligen Untergang ist der Rücktrittsberechtigte;

Beispiel: Hat sich der Käufer eines Kraftwagens den Rücktritt vorbehalten, so kann er ihn auch ausüben, wenn das Fahrzeug ohne sein Verschulden bei einem Zusammenstoß zerstört wird. Er kann dann den bezahlten Kaufpreis zurückverlangen, obwohl er das Fahrzeug nicht mehr zurückgewähren kann. Er muß jedoch gemäß § 281 eine etwaige Versicherungsforderung oder Ersatzansprüche gegen denjenigen, der den Unfall verschuldet hat, an den Verkäufer abtreten.

2. wenn der Berechtigte, die empfangene Sache durch Verarbeitung oder Umbildung in eine andere Sache ungestaltet hat (§ 352), ohne daß ihn daran ein Verschulden zu treffen braucht;

3. wenn der Rücktrittsberechtigte den empfangenen Gegenstand an einen Dritten veräußert oder belastet hat und dieser schuldhafterweise die Verschlechterung oder den Untergang der Sache herbeigeführt oder sie umgebildet hat. Der Verfügung des Berechtigten sind Verfügungen im Wege der Zwangsvollstreckung oder Arrestvollziehung oder durch den Konkursverwalter gleichgestellt (§ 353);

4. wenn eine Frist für die Ausübung des Rücktrittsrechts vereinbart wurde und diese verstrichen ist. Fehlt es an einer solchen Vereinbarung, so kann dem Berechtigten vom anderen Teil eine Frist zur Ausübung des Rücktrittsrechts gesetzt werden, mit deren Versäumung das Rücktrittsrecht erlischt (§ 355).

V. Besondere Fälle des Rücktritts.

1. Verwirkungsklausel.

Haben die Parteien vereinbart, daß der Schuldner aller Rechte aus dem Vertrage verlustig gehen soll, wenn er seine Verbindlichkeiten nicht oder nicht rechtlich erfüllt (sog. Verwirkungs-, Verfall- oder Kassatorische Klausel), so hat diese Abrede als Rücktrittsvorbehalt zu gelten (§ 360).

Der Vertrag wird also nicht hinfällig, wenn der Schuldner seinen Verpflichtungen nicht nachkommt, sondern es bleibt dem Gläubiger überlassen, ob er von seinem Rücktrittsrecht Gebrauch machen will. Der Schuldner hat aber bei Ausübung des Rücktrittsrechts die Befugnis, bereits erbrachte Teilleistungen zurückzufordern.

Diese Vorschrift ist jedoch nicht zwingend. Die Parteien können daher auch einen Verfall der bisherigen Leistungen vereinbaren. Eine solche Abrede wird aber häufig gemäß § 138 nichtig sein, bei Abzahlungsgeschäften ist dies aus sozialen Gründen durch § 1 des Abzahlungsgesetzes vom 16. Mai 1894 ausdrücklich untersagt.

Die Ausübung des Rücktrittsrechts gemäß § 360 wird im Zweifel nur dann zulässig sein, wenn den Schuldner ein Verschulden an der Nichterfüllung oder nicht rechtzeitigen Erfüllung trifft. Auch muß von dem Gläubiger gefordert werden, daß er den Rücktritt binnen einer angemessenen Frist erklärt.

Der Rücktritt ist unwirksam, wenn der Schuldner sich von der Verbindlichkeit durch Aufrechnung befreien konnte und unverzüglich nach dem Rücktritt die Aufrechnung erklärt (§ 357).

Bestreitet der Schuldner die Zulässigkeit des Rücktritts, weil er erfüllt habe, so hat er die Erfüllung zu beweisen. Nur bei Forderungen, die auf ein Unterlassen gehen, hat der Gläubiger die Beweislast (§ 358).

2. Ist der Rücktritt gegen ein Reugeld vorbehalten, so gilt § 359.

3. Bei einem gegenseitigen Fixgeschäft — Begriff siehe oben S. 31 — ist der Gläubiger im Zweifel zum Rücktritt berechtigt, wenn die Leistung nicht zu der bestimmten Zeit oder innerhalb der bestimmten Frist erfolgt ist (§ 361). Es bedarf dann weder eines Schuldnerverzuges, noch einer Fristsetzung durch den Gläubiger (vgl. auch § 376 HGB und RGZ 108, 158).

Dritter Abschnitt:

Erlöschen der Schuldverhältnisse

Vorbemerkung:

Der dritte Abschnitt regelt 4 Erlöschungsgründe der Schuldverhältnisse: Erfüllung (einschl. Leistung an Erfüllungsstatt) (§§ 362 ff.), Hinterlegung (§§ 372 ff.), Aufrechnung (§§ 387 ff.) und Erlaß (§§ 397 ff.). Weitere Erlöschungsgründe, die an anderer Stelle des Gesetzes geregelt sind, knüpfen an tatsächliche Vorgänge an, wie den Eintritt einer auflösenden Bedingung

(§ 158 Abs. 2) oder eines Endtermins (§ 163), die vom Schuldner nicht zu vertretende Unmöglichkeit (§ 275) oder den Tod des Schuldners bei höchstpersönlichen Leistungen (§§ 673, 727). Auch einseitige Aufhebungsakte können das Schuldverhältnis zum Erlöschen bringen, so Anfechtung, Kündigung, Widerruf und Rücktritt. Sonstige Erlöschungsgründe sind die Vereinigung von Forderung und Schuld in einer Person (sog. Konfusion), die vertragsmäßige Aufhebung einer bestehenden Schuld und Begründung einer neuen (sog. Schuldumwandlung oder Novation) und die Zweckerreichung (der Zweck des Schuldverhältnisses wird durch ein mit dem Schuldverhältnis nicht zusammenhängendes Ereignis erreicht). Während die Konfusion im BGB nur in Einzelbestimmungen geregelt ist (vgl. §§ 425, Abs. 2, 429 Abs. 2, 1164 Abs. 2, 1973, aber auch §§ 1976, 1991 Abs. 2), finden sich für die Schuldumwandlung und die Zweckerreichung keine Bestimmungen[1]. Ob die Verwirkung ebenfalls ein Erlöschungsgrund ist oder nur eine Einrede der Arglist gewährt, ist streitig[2].

§ 27
Die Erfüllung

I. Das Schuldverhältnis erlischt, wenn die geschuldete Leistung an den Gläubiger bewirkt wird (§ 362).

1. Allgemeines.

Der Schuldner muß die Leistung zur rechten Zeit (§ 271), am rechten Ort (§§ 269 ff.) und in der rechten Art und Weise (§§ 242, 266) erbringen.

Die Leistungsbewirkung kann sich dabei auf eine rein natürliche Tätigkeit (z. B. die Dienstleistung des Arbeitnehmers aus dem Arbeitsvertrag) oder in der Vornahme eines einseitigen Rechtsgeschäftes (z. B. die Aufgabe eines Rechts an einem Grundstück gemäß § 875) beschränken. Eine Mitwirkung des Gläubigers ist erforderlich, wenn die Erfüllungshandlung in einem Vertragsschluß besteht, so besonders bei allen Eigentumsübertragungen, die eine Einigung voraussetzen (§§ 929 ff.).

2. Rechtsnatur der Erfüllung.

Streitig ist, ob außer der Erfüllungsbewirkung noch ein besonderer vertragsähnlicher Erfüllungswille beider Parteien oder nur des Schuldners erforderlich ist oder ob die Leistungsbewirkung als solche ausreicht. Die Entscheidung über diese Frage ist vor allem deshalb von praktischer Bedeutung, weil sich danach auch die weitere Frage beantwortet, ob zur Er-

---

1) Ueber diese mehr der Theorie als der Praxis angehörigen Rechtsinstitute vgl. Enneccerus-Lehmann, Recht der Schuldverhältnisse II, §§ 75—77.

2) Vgl. Staudinger, Kommentar zum BGB, Einführung B IV zu § 362.

füllung eine oder sogar beide Parteien geschäftsfähig sein müssen. Es wird darauf abzustellen sein:

a) Besteht die Leistungsbewirkung in einem rein tatsächlichen Handeln oder in einem Unterlassen, so ist ein besonderer Erfüllungswille des Gläubigers, aber auch des Schuldners nicht erforderlich. Der Schuldner kann also auch wirksam erfüllen, wenn er selbst oder der Gläubiger geschäftsunfähig ist.

Beispiel: Die Arbeitsleistung des Dienstverpflichteten ist wirksame Erfüllung, auch wenn er oder der Dienstberechtigte nach Vertragsschluß wegen Geisteskrankheit entmündigt worden ist.

Es steht jedoch dem Schuldner frei, seiner Leistung die Erfüllungswirkung zu nehmen, wozu es jedoch einer besonderen Erklärung bedarf.

Beispiel: Eine Arbeitsschicht von Bergarbeitern soll nicht innerhalb des Arbeitsvertrages gegen Entgelt erfolgen, sondern als unentgeltliche Leistung für die Hausbrandversorgung der Zivilbevölkerung. Besondere Erklärung erforderlich.

b) Kann die Leistungsbewirkung nur mittels eines Rechtsgeschäfts erfolgen, z. B. durch eine Geldzahlung oder sonstige Eigentumsverschaffung, so ist ein Erfüllungswille des Schuldners und ein Annahmewille des Gläubigers erforderlich. Schuldner und Gläubiger müssen voll geschäftsfähig sein oder — wenn die beschränkt geschäftsfähig sind — mit Zustimmung ihrer gesetzlichen Vertreter handeln. Die Leistung an den beschränkt geschäftsfähigen Gläubiger läßt zwar das Eigentum übergehen, nicht aber die Schuld erlöschen, da dies nicht lediglich einen rechtlichen Vorteil (§ 107) bringt. Der Leistung des beschränkt geschäftsfähigen Schuldners steht auch für den Eigentumsübergang stets § 107 entgegen.

3. Leistung an den Gläubiger oder einen Dritten.

Der Schuldner muß grundsätzlich an den Gläubiger selbst oder an einen gesetzlichen oder bevollmächtigten Vertreter leisten. Der Gläubiger kann aber einen Dritten ermächtigen, die Leistung im eigenen Namen zu empfangen (z. B. als Anweisungsempfänger § 783)[1]), wie er auch den Schuldner selbst (widerruflich) ermächtigen oder (unwiderruflich) berechtigen kann, an einen Dritten zu zahlen.

Beispiel: Bezeichnet der Gläubiger eine Bank, an die der Schuldner zahlen soll (sog. Zahlstelle), dann tritt bei Barzahlung mit der Zahlung, im Ueberweisungsverkehr mit der Gutschrift auf das Konto des Gläubigers die Erfüllung ein.

Eine Leistung an einen Nichtberechtigten bewirkt — von gewissen Ausnahmefällen abgesehen[2]) — keine Erfüllung, da der gute Glaube den Schuldner nicht schützt. Nachträglich kann jedoch die Leistung wirksam werden, wenn entweder der Gläubiger die Leistung genehmigt oder der Dritte das Forderungsrecht erwirbt (z. B. durch Abtretung oder Erb-

1) Ueber den Empfänger einer Quittung § 370, siehe unten S. 74.

2) Vgl. §§ 169, 407, 1074, 1282, 2366 und 2377.

fall) oder der Gläubiger den Empfänger beerbt und für dessen Nachlaßverbindlichkeiten unbeschränkt haftet (§§ 362 Abs. 2, 185).

Darüber, wann der Schuldner die Leistung selbst erbringen muß, und wann ein Dritter dazu befugt ist, vgl. oben Seite 28.

4. Anrechnung der Zahlung auf mehrere Forderungen.

Ist der Schuldner aus mehreren Schuldverhältnissen zu gleichartigen Leistungen, insbesondere zu Geldzahlungen, verpflichtet und reicht das von ihm Geleistete zur Tilgung aller Schulden nicht aus, so kann der Schuldner bestimmen, welche Forderung getilgt sein soll (§ 366 Abs. 1).

Diese Bestimmung kann auch stillschweigend erfolgen. Ist der Schuldner mit Unterhalts- oder Gehaltsbeträgen im Rückstande, so ist die regelmäßige Zahlung auf die laufende Forderung, nicht dagegen auf Rückstände zu verrechnen.

Widerspricht der Gläubiger der Bestimmung durch den Schuldner und lehnt er die Leistung ab, so kommt er in Annahmeverzug. Hat der Schuldner keine Bestimmung getroffen, so tritt die gesetzliche Tilgungsfolge ein (§ 366 Abs. 2).

Danach wird

zunächst die fällige Schuld,
unter mehreren fälligen die, welche dem Gläubiger geringere Sicherheit bietet (die z. B. nicht durch Pfandrecht, Bürgschaft oder vollstreckbaren Titel gesicherte Schuld),
unter mehreren gleich sicheren, die dem Schuldner lästigere (z. B. höher verzinsliche oder bereits eingeklagte Schuld),
unter mehreren gleich lästigen die ältere Schuld,
bei gleichem Alter jede Schuld verhältnismäßig.

Sind bei einer Forderung neben der Hauptleistung (Kapitalschuld) noch Zinsen und Kosten geschuldet, so erfolgt die Verrechnung zunächst auf die Kosten, dann auf die Zinsen und erst zuletzt auf die Hauptleistung (§ 367 Abs. 1). Der Schuldner kann diese Tilgungsfolge nicht einseitig ändern, und der Gläubiger ist daher in diesem besonderen Falle befugt, die Annahme der Leistung abzulehnen, wenn der Schuldner eine andere Anrechnung bestimmt (§ 367 Abs. 2).

5. Leistung unter Vorbehalt des Bestehens der Schuld.

Ob der Gläubiger eine ihm vom Schuldner unter dem Vorbehalt des Bestehens der Schuld angebotene Leistung annehmen muß, hängt von der Art des Vorbehaltes ab.

a) Will der Schuldner mit dem Vorbehalt nur ausdrücken, daß er nicht genau wisse, ob die Forderung besteht und für den Fall des Nichtbestehens das Geleistete zurückfordern, im übrigen aber bedingunglos erfüllen, so ist der Gläubiger zur Annahme verpflichtet; denn der Schuldner will dadurch lediglich die Anerkennung der Schuld (§ 208) verhindern und — falls die Schuld tatsächlich nicht besteht — sich entgegen § 814 die Rückforderung vorbehalten. Der Schuldner ist dafür, daß die Schuld nicht bestand, trotz des Vorbehalts beweispflichtig.

b) Will der Schuldner mit dem Vorbehalt aber ausdrücken, daß er das Bestehen der Schuld überhaupt leugnet und für den Fall der Rückforderung dem Gläubiger die Beweislast für das Bestehen der Forderung aufbürden, so braucht der Gläubiger die Leistung nicht anzunehmen. Denn es liegt kein schuldgemäßes Angebot vor, und die Schuldtilgung würde in der Schwebe bleiben.

6. Beweislast.

Streiten die Parteien darüber, ob der Schuldner erfüllt oder ob er ordnungsgemäß erfüllt hat, so muß der Schuldner die Erfüllung beweisen.

Hat aber der Gläubiger die Leistung als Erfüllung angenommen, so trifft ihn die Beweislast, wenn er die Leistung nicht als Erfüllung gelten lassen will, weil sie eine andere als die geschuldete Leistung, oder weil sie unvollständig gewesen sei (§ 363).

Eine Annahme als Erfüllung wird meist in der Ingebrauchnahme, im Beginn des Verbrauchs, in der Weiterveräußerung oder in längerem Behalten der Leistung zu sehen sein — nicht dagegen in der bloßen Hinnahme, besonders bei verpackt übersandten Sachen.

Es genügt für die Anwendung von § 363, daß der Gläubiger die Leistung der Hauptsache nach als vertragsgemäße Erfüllung gelten läßt, gewisse Vorbehalte sind also durchaus damit vereinbar (RGZ 109, 296).

§ 28

Die Quittung

Das wichtigste Beweismittel für die erbrachte Leistung ist die Quittung. Sie ist das einseitige Bekenntnis des Gläubigers über den Empfang der geschuldeten Leistung (§ 368).

1. Rechtsnatur der Quittung.

a) Die Quittung ist lediglich ein Beweismittel über den erhaltenen Empfang. Der Gläubiger kann daher stets den Gegenbeweis führen, daß er die Leistung bei Abgabe der Quittung nicht erhalten hat.

Auch wenn der Gläubiger die Quittung nur in Erwartung der Leistung ausgestellt hat (Vorausquittung), so braucht er, um der

Quittung die Beweiskraft zu entziehen, nur zu beweisen, daß er die Quittung im voraus ohne wirklichen Empfang der Leistung abgegeben hat. Gelingt dem Gläubiger der Beweis der Vorauserteilung, so ist die Unrichtigkeit des Empfangsbekenntnisses festgestellt. Sache des Schuldners ist es dann, die spätere Leistung zu beweisen. Dabei kann in besonders gearteten Fällen als Beweisumstand für die später erfolgte Ausführung der Leistung zugunsten des Schuldners die Tatsache dienen, daß der Gläubiger die in Erwartung der Leistung ausgestellte Quittung längere Zeit unbeanstandet in Händen des Schuldners gelassen hat (RGZ 108, 56).

b) Mit der Quittungserteilung kann ein Erlaßvertrag oder ein negativer Anerkenntnisvertrag verbunden sein.

Beispiel: Der Gläubiger überreicht dem Schuldner eine Quittung über die geschuldete Darlehnssumme als Weihnachtsgeschenk (Erlaß). Der Gläubiger erteilt dem Schuldner eine Quittung, um den Streit über das Bestehen der Forderung zu beenden (negativer Anerkennungsvertrag). Erklärt der Arbeitnehmer bei seiner Entlassung in einer sog. Ausgleichsquittung, daß er seinen Lohn richtig erhalten und keine Ansprüche mehr habe, so kann auch darin ein negativer Anerkennungsvertrag liegen (vgl. RAG JW. 34, 2804).

In all diesen Fällen muß der Schuldner die mit der Uebergabe der Quittung verbundenen Erklärungen des Gläubigers annehmen. Da der Gläubiger in diesen Fällen mit der Uebergabe der Quittung eine Zuwendung an den Schuldner verbindet, kann er sie nicht durch den bloßen Nachweis rückgängig machen, daß er vom Schuldner nichts erhalten habe, sondern nur unter den Voraussetzungen der ungerechtfertigten Bereicherung (vgl. RGZ 108, 107).

2. Verpflichtung zur Erteilung der Quittung.

Die Quittung ist vom Gläubiger Zug um Zug gegen Empfang der Leistung zu erteilen. Der Schuldner hat bis zur Aushändigung der Quittung ein Zurückbehaltungsrecht an seiner Leistung, kann aber auch nach erfolgter Leistung die Quittung notfalls im Wege der Klage verlangen.

3. Form und Kosten der Quittung.

Die Quittung ist in schriftlicher Form — also mit eigenhändiger Unterschrift des Gläubigers — zu erteilen (§§ 368 Satz 1, 126).

Eine nur unterstempelte Quittung ist im Rahmen von § 286 ZPO auf ihre Beweiskraft zu würdigen.

Hat der Schuldner ein rechtliches Interesse daran, daß die Quittung in anderer Form erteilt wird, so kann er die Erteilung in dieser Form verlangen (§ 368 Satz 2).

Beispiel: Der Schuldner kann eine gerichtlich oder notariell beglaubigte Quittung verlangen, wenn er eine Hypothek zurückgezahlt hat und nunmehr die Löschung im Grundbuch veranlassen will (sog. „löschungsfähige Quittung" vgl. § 29 GBO).

Die Kosten der Quittung hat in der Regel der Schuldner zu tragen und vorzuschießen (näheres § 369).

4. Leistung an den Ueberbringer einer Quittung.

Der Ueberbringer einer Quittung gilt als ermächtigt, die Leistung entgegenzunehmen, gleichgültig wie er in den Besitz der Quittung gekommen ist (§ 370). Der Schuldner wird also auch frei, wenn er an einen Ueberbringer leistet, der die Quittung gefunden oder gestohlen hat. Eine selbstverständliche Ausnahme besteht jedoch, wenn er Umstände kannte, die der Annahme einer solchen Ermächtigung entgegenstehen. Die Ermächtigung gilt auch nur für die echte Quittung. Trifft den Gläubiger aber ein Verschulden an der Fälschung, indem er z. B. die Quittungsformulare nicht sorgfältig aufbewahrt hat, so ist er dafür dem Schuldner schadenersatzpflichtig (vgl. RGZ 73, 347 ff.).

5. Quittung und Schuldschein.

Ist über die Forderung ein Schuldschein ausgestellt, so kann der Schuldner neben der Quittung Rückgabe des Schuldscheins verlangen. Behauptet der Gläubiger zur Rückgabe des Schuldscheins außerstande zu sein, so kann der Schuldner vom Gläubiger auf dessen Kosten statt Schuldschein und Quittung das öffentlich beglaubigte Anerkenntnis verlangen, daß die Schuld erloschen sei (§ 371).

§ 29

Die Annahme an Erfüllungsstatt und erfüllungshalber

1. Annahme an Erfüllungsstatt.

Die Erbringung einer anderen als der geschuldeten Leistung kann die Erfüllung ersetzen, wenn der Gläubiger mit dieser Art der Leistung einverstanden ist (Annahme an Erfüllungsstatt). Mit der Annahme der Leistung erlischt das Schuldverhältnis (§ 364).

Beispiel: Ein Autohändler liefert statt des bestellten Benzinkraftwagens ein Generator-Fahrzeug. Der Käufer nimmt das Fahrzeug an.

Ist der hingegebene Gegenstand mangelhaft, so kann der Gläubiger nicht auf die alte Verbindlichkeit zurückgreifen, da diese erloschen ist. Er hat aber gegenüber dem Schuldner dieselben Rechte wie der Käufer, wenn die Kaufsache mangelhaft ist (§ 365).

Beispiel: Der Käufer des Generator-Fahrzeuges kann daher Wandlung oder Minderung verlangen, wenn das Fahrzeug Mängel aufweist, nicht dagegen Lieferung des Benzin-Fahrzeugs verlangen.

2. Die Annahme erfüllungshalber.

Die Annahme einer anderen als der geschuldeten Leistung durch den Gläubiger kann aber auch bloß erfüllungshalber erfolgen. Dann bleibt das alte Schuldverhältnis zunächst bestehen und erlischt erst und nur insoweit, als der Gläubiger aus der Verwertung der empfangenen Leistung tatsächlich Befriedigung erlangt hat. Der Gläubiger ist jedoch im Zweifel dazu verpflichtet, zunächst mit der im Verkehr erforderlichen Sorgfalt zu versuchen, sich aus der neuen Forderung zu befriedigen. Er darf evtl. sogar über die neue Forderung selbständig einen Vergleich schließen, ist jedoch haftbar, wenn er ohne ausreichenden Grund einen Teil der Forderung aufgibt (vgl. RGZ 160, 1 ff.).

Wann der Gläubiger eine Leistung an Erfüllungsstatt und wann nur erfüllungshalber angenommen hat, ist durch Auslegung zu ermitteln. Eine Annahme erfüllungshalber ist im Zweifel gegeben, wenn der Schuldner zum Zwecke der Befriedigung des Gläubigers diesem gegenüber eine neue Verbindlichkeit übernimmt (§ 364 Abs. 2) oder, was dem gleichzusetzen ist, wenn er eine Forderung gegen einen Dritten abtritt.

Beispiel: Der Käufer gibt dem Verkäufer zur Begleichung der Kaufpreisschuld einen Wechsel oder Scheck. Dann bleibt die alte Kaufpreisforderung bestehen, der Gläubiger muß jedoch zu seiner Befriedigung zunächst die Einziehung aus dem Wechsel oder Scheck versuchen. Insoweit er damit Erfolg hat, erlischt auch die Kaufpreisforderung.

§ 30
Die Hinterlegung

Vorbemerkung:

Der leistungsbereite und leistungswillige Schuldner ist bisweilen nicht in der Lage zu erfüllen, weil auf Seiten des Gläubigers gewisse Hindernisse bestehen. Will sich der Schuldner auch in diesen Fällen von seiner Schuld befreien, so kann er als Ersatz für die Erfüllung den geschuldeten Gegenstand hinterlegen, d. h. einem Amtsgericht zur Aufbewahrung für den Gläubiger übergeben. Die materiellrechtlichen Voraussetzungen der Hinterlegung sind in den §§ 372 ff., das Hinterlegungsverfahren in der Hinterlegungsordnung vom 10. März 1937 (RGBl. I, 285) geregelt.

Von der Hinterlegung zwecks Befreiung ist die Hinterlegung zu anderen Zwecken, insbesondere zur Sicherheitsleistung zu unterscheiden. Darauf finden die §§ 372 ff. keine Anwendung. Bei Hinterlegung zwecks Sicherheitsleistung aus sachlich-rechtlichen Gründen (z. B. §§ 257, 273, 321, 509) gelten §§ 232 ff., für verfahrensrechtliche Sicherheitsleistung (z. B. §§ 89, 707, 710, 713, 719 ZPO), die §§ 108 ff. ZPO. Auch bei einer Hinterlegung zum Nachweis von Rechten (z. B. § 107 Abs. 2 AktGes: Hinterlegung von Aktien als Voraussetzung für die Ausübung des Stimmrechts) sowie auf Grund der StPO (§§ 117, 118), der KO (§ 169), oder der Reichsabgabenordnung (§§ 132, 142) gelten die §§ 372 ff. nicht.

I. Voraussetzungen der Hinterlegung.

Jede Hinterlegung erfordert einen Hinterlegungsgrund und einen hinterlegungsfähigen Gegenstand (§ 372).

1. Hinterlegungsgrund.

Der wichtigste Hinterlegungsgrund ist der Annahmeverzug des Gläubigers. Gleichgestellt sind andere in der Person des Gläubigers liegende Gründe, die dem Schuldner die Erfüllung oder doch die sichere Erfüllung unmöglich machen.

Beispiel: Der Gläubiger ist in Kriegsgefangenschaft, ohne daß ein Abwesenheitspfleger bestellt ist, oder er ist geschäftsunfähig, der gesetzliche Vertreter aber verhindert.

Gesetzliches Beispiel für einen in der Person des Gläubigers liegenden Grund ist die unverschuldete Ungewißheit des Schuldners über die Person des Gläubigers. Die Zweifel des Schuldners können auf der unsicheren Beurteilung von Tatsachen, aber auch von Rechtsfragen oder in der Auslegung des Rechtsgeschäftes beruhen. Sie müssen jedoch objektiv verständlich sein.

Beispiel: Der Gläubiger ist verstorben, es steht aber noch nicht fest, wer die Erben sind bzw ob sie die Erbschaft annehmen Der Gläubiger hat eine Forderung mehrfach abgetreten oder die Abtretung angefochten.

2. Hinterlegungsfähigkeit.

a) Hinterlegungsfähig sind nur Geld, Wertpapiere und sonstige Urkunden sowie Kostbarkeiten (vgl. aber §§ 373, 437 Abs. 2 HGB).

Urkunden sind z. B. Sparkassenbücher, Hypothekenbriefe, Handelsbücher, Handakten eines Rechtsanwalts. Kostbarkeiten sind Gegenstände, deren Wert im Verhältnis zu Größe und Gewicht unverhältnismäßig hoch ist (Gold- und Silbersachen, Schmuck, Münzen, Wertzeichen, kostbare Bücher).

b) Ist die Sache nicht hinterlegungsfähig, so kann der Schuldner die Sache am Leistungsort öffentlich versteigern lassen und den Erlös hinterlegen (sog. „Selbsthilfeverkauf") (§§ 383, 384, 386).

Hat die Sache einen Börsen- oder Marktpreis, so kann der Schuldner sie auch freihändig veräußern lassen (§ 385).

Unbeschränkt hat der Schuldner das Recht zum Selbsthilfeverkauf bei Annahmeverzug des Gläubigers, bei Vorliegen der anderen Hinterlegungsgründe nur, wenn der Verderb der Sache zu besorgen ist oder die Aufbewahrung mit unverhältnismäßigen Kosten verbunden ist (§ 383 Abs. 1).

Bei unbeweglichen Sachen, eingetragenen Schiffen oder Schiffsbauwerken, hat der Schuldner kein Recht zum Selbsthilfeverkauf. Er kann jedoch sich von der Pflicht der Herausgabe durch die Besitzaufgabe befreien, womit er aber nicht von einer ihm etwa obliegenden Pflicht zur Uebereignung frei wird (§ 303).

II. Ausführung der Hinterlegung.

1. Die Hinterlegung erfolgt auf schriftlichen Antrag des Hinterlegers, auf Grund dessen eine Annahmeverfügung der Hinterlegungsstelle ergeht. Der Antragsteller hat die Tatsachen anzugeben, welche die Hinterlegung rechtfertigen (§ 6 HinterlggsO).

2. Die Hinterlegung hat bei der Hinterlegungsstelle des Leistungsortes zu erfolgen und ist dem Gläubiger unverzüglich anzuzeigen, sofern dies nicht untunlich ist (§ 374).

Erfolgt die Hinterlegung an einer unzuständigen Stelle oder verletzt der Schuldner seine Anzeigepflicht, so ist die Hinterlegung deshalb nicht unwirksam, der Schuldner aber für einen etwaigen Schaden ersatzpflichtig. Gemäß § 11 HinterlggsO kann auch die Hinterlegungsstelle die Anzeige an den Gläubiger vornehmen, falls der Schuldner die Anzeige nicht nachweist.

III. Wirkung der Hinterlegung.

1. Das Hinterlegungsverhältnis.

a) Durch die Hinterlegung entsteht ein Verwahrungsvertrag zwischen der Hinterlegungsstelle und dem Schuldner zugunsten des Gläubigers. Der Gläubiger erhält einen Anspruch gegen die Hinterlegungsstelle auf Herausgabe; braucht der Schuldner nur gegen eine Leistung des Gläubigers zu leisten, so kann er das Recht des Gläubigers auf Herausgabe von der Bewirkung der Gegenleistung abhängig machen (§ 373).

Beispiel: Der Schuldner braucht nur Zug um Zug (§ 320), gegen Quittung (§ 370) oder gegen Rückgabe des Schuldscheins zu leisten (§ 371).

Gesetzliche Zahlungsmittel gehen in das Eigentum des Staates über, die anderen Sachen werden aufbewahrt (§§ 7 ff. HinterlggsO). Mit dem Ablauf von 30 Jahren nach dem Empfang der Anzeige erlischt das Recht des Gläubigers auf den hinterlegten Betrag (§ 382). Der Schuldner ist aber noch innerhalb eines weiteren Jahres zur Rücknahme berechtigt, andernfalls der Gegenstand in das Eigentum des Staates übergeht (§§ 19, 23 HinterlggsO).

b) Neben dem Anspruch des Gläubigers auf Herausgabe der hinterlegten Sache steht zunächst noch das Recht des Schuldners, die hinterlegte Sache zurückzunehmen (§ 376 Abs. 1). Das Recht auf Rücknahme ist unpfändbar (§ 377 Abs. 1), daher nicht abtretbar (§§ 413, 400) und nicht aufrechenbar (§ 394), es gehört nicht zur Konkursmasse des Schuldners (§ 1 KO), kann aber auch während des Konkurses vom Schuldner selbst nicht ausgeübt werden (§ 377 Abs. 2).

2. Schuldrechtliche Wirkungen.

Für die Wirkung der Hinterlegung auf die Erfüllung des Schuldverhältnisses, um dessen Willen hinterlegt wird, ist von entscheidender Bedeutung, ob dem Schuldner das Rücknahmerecht noch zusteht oder nicht.

a) Solange der Schuldner das Recht auf Rücknahme hat, wirkt die Hinterlegung nur beschränkt: Der Schuldner wird von seiner Schuld noch nicht befreit, er kann aber den Gläubiger im Wege der Einrede auf die hinterlegte Sache verweisen. Es entfällt auch bereits die Verpflichtung zur Zinszahlung und zum Ersatz von nichtgezogenen Nutzungen. Ebenso trägt der Gläubiger auch schon die Gefahr des zufälligen Unterganges und der Verschlechterung (§ 379 Abs. 1 u. 2).

Nimmt der Schuldner die hinterlegte Sache zurück, so gilt die Hinterlegung als nicht erfolgt. Es entfallen damit alle aufgeführten Wirkungen der Hinterlegung mit rückwirkender Kraft (§ 379 Abs. 3).

b) Ist das Rücknahmerecht des Schuldners erloschen, so wird der Schuldner durch die Hinterlegung in gleicher Weise befreit, „wie wenn er zur Zeit der Hinterlegung an den Gläubiger geleistet hätte" (§ 378). Der Schuldner wird also von seiner Verbindlichkeit frei, als hätte er zur Zeit der Hinterlegung erfüllt.

Das Recht der Rücknahme erlischt,

wenn der Schuldner der Hinterlegungsstelle erklärt, daß er auf das Recht der Rücknahme verzichte,

wenn der Gläubiger der Hinterlegungsstelle die Annahme erklärt,

Mit der Annahmeerklärung erwirbt der Gläubiger auch das Eigentum an der hinterlegten Sache, da er damit das in der Hinterlegung liegende Angebot zur Einigung über den Eigentumsübergang annimmt, während die Hinterlegungsstelle dem Gläubiger den Besitz vermittelt (str. vgl. RGZ 135, 274 ff.).

wenn der Hinterlegungsstelle ein zwischen dem Gläubiger und dem Schuldner ergangenes rechtskräftiges Urteil vorgelegt wird, das die Hinterlegung für rechtmäßig erklärt (§ 376 Abs. 2).

§ 31

Die Aufrechnung

Vorbemerkung:

Aufrechnung ist wechselseitige Tilgung von zwei sich gegenüberstehenden Forderungen im Wege der Verrechnung. Sie kann entweder durch einseitige Aufrechnungserklärung oder durch einen Aufrechnungsvertrag zwischen Gläubiger und Schuldner erfolgen.

Die §§ 387 ff. befassen sich nur mit der (einseitigen) Aufrechnung. Der Aufrechnungsvertrag hat eine gesetzliche Regelung nicht gefunden. Er ist als gegenseitiger Erlaßvertrag anzusehen, der nur zur Voraussetzung hat, daß beide Forderungen zu Recht bestehen. Die sonstigen Erfordernisse der einseitigen Aufrechnung, insbesondere Gleichartigkeit und Fälligkeit der Forderungen brauchen jedoch nicht vorzuliegen. Ein Aufrechnungsvertrag ist insbesondere in der vertraglichen Anerkennung des Kontokorrentsaldos (§ 355 HGB) enthalten.

Sondervorschriften gelten für die Aufrechnung im Konkurs. (§§ 53 ff. KO).

I. Voraussetzungen der Aufrechnung.

Angesichts der mit der Aufrechnung eintretenden Erfüllung des Schuldverhältnisses müssen besondere Voraussetzungen vorliegen, um dem Schuldner dieses Recht zu gewähren (§ 387).

1. Gegenseitigkeit der Forderungen.

Der Schuldner der einen Forderung muß Gläubiger der anderen Forderung sein. Dies bedeutet:

a) Der Schuldner kann nur selbst aufrechnen. Ein Dritter kann wohl für den Schuldner erfüllen, aber nicht aufrechnen, es sei denn, daß er ein Ablösungsrecht hat (§ 268, vgl. oben S. 28).

b) Der Schuldner kann nur mit einer eigenen Forderung aufrechnen, nicht dagegen mit der eines Dritten, selbst dann nicht, wenn dieser zustimmt. Denn das Interesse des Gläubigers erfordert es, daß der Schuldner nicht nur ihm gegenüber, sondern auch er dem Schuldner gegenüber aufrechnen kann (vgl. RGZ 78, 383).

Beispiel: Keine Aufrechnung des Bürgen mit der Forderung des Hauptschuldners (nur Einrede aus § 770 Abs. 2, RGZ 122, 147), des Ehemannes mit einer Forderung der Ehefrau, des einen Gesamtschuldners mit der Forderung des anderen Gesamtschuldners (§ 422 Abs. 2).

c) Der Schuldner kann nur mit einer Forderung aufrechnen, die ihm gegen den Gläubiger zusteht.

Beispiel: Keine Aufrechnung gegen eine Gesellschaftsforderung mit einer Forderung gegen einen einzelnen Gesellschafter (§ 719 Abs. 2), gegen eine Nachlaßforderung mit einer Forderung gegen einen einzelnen Miterben (§ 2040 Abs. 2).

Eine wichtige Ausnahme von dem Erfordernis der Gegenseitigkeit besteht aber gemäß § 406, wenn der Gläubiger die Forderung, gegen die der Schuldner aufrechnen will, abgetreten hat. Der Schuldner kann dann auch gegenüber dem neuen Gläubiger aufrechnen (vgl. unten S. 92). Sogar gegen den Gläubiger selbst darf der Schuldner nicht aufrechnen, wenn die Forderung des Gläubigers beschlagnahmt worden ist, bevor der Schuldner seine Gegenforderung erworben hat (näheres § 392).

2. Gleichartigkeit der Forderungen.

a) Die beiden Forderungen müssen ihrem Gegenstand nach gleichartig sein. Im allgemeinen wird es sich um Forderungen auf Geld oder andere vertretbare Sachen handeln.

b) Bestehen für die Forderungen verschiedene Leistungs- und Ablieferungsorte, so wird dadurch die Gleichartigkeit nicht ausgeschlossen. Der Schuldner ist nur für etwaigen Schaden ersatzpflichtig, den der Gläubiger dadurch erleidet, daß er seine Leistung nicht an dem bestimmten Ort erhält oder bewirken kann. Gänzlich ausgeschlossen ist die Aufrechnung, wenn die Ortsbezeichnung für eine Leistung wesentlich ist. Dies ist im Zweifel anzunehmen, wenn die Leistung zu einer bestimmten Zeit und an einem bestimmten Ort erfolgen soll (§ 391).

c) Anders als beim Zurückbehaltungsrecht ist für die Aufrechnung nicht erforderlich, daß beide Forderungen in einem rechtlichen Zusammenhang bestehen (Ausnahme § 78 VersVertrGes). Der rechtliche Zusammenhang kann aber verfahrensmäßig von Bedeutung sein, denn das Gericht kann über eine Gegenforderung, die mit der in der Klage geltend gemachten Forderung nicht in rechtlichem Zusammenhang steht, getrennt verhandeln (§ 145 Abs. 2 ZPO), oder ein Urteil unter Vorbehalt der Entscheidung über die Aufrechnung fällen (§ 302 Abs. 2 ZPO).

d) Es ist nicht erforderlich, daß beide Forderungen eine gleiche Höhe haben. Sie erlöschen, „soweit" sie sich decken (§ 389), eine Teilleistung mittels Aufrechnung ist daher möglich (vgl. § 266 oben S. 11).

3. Wirksamkeit der Forderungen.

Der Schuldner muß die ihm gebührende Leistung fordern und die ihm obliegende Leistung bewirken können (§ 387). Danach muß zwischen Forderungen, mit denen der Schuldner aufrechnet (Gegenforderungen) und Forderungen, gegen die er aufrechnet (Hauptforderungen) unterschieden werden.

a) Die Gegenforderung muß voll wirksam und fällig sein;

Grund: Solange der Gläubiger die Gegenforderung an den Schuldner nicht zu erfüllen braucht, kann ihm auch nicht zugemutet werden, daß der Schuldner, statt die Leistung zu erbringen, ihn lediglich von seiner Verbindlichkeit befreit.

Der Schuldner darf daher nur mit einer Forderung aufrechnen, die rechtlich erzwingbar ist, eine Aufrechnung mit unvollkommenen Forderungen (Naturalobligationen) ist ausgeschlossen.

Beispiel: Der Gewinner einer Wette darf mit seiner Gewinnforderung nicht gegen eine Darlehnsforderung aufrechnen, die der Verlierer der Wette gegen ihn hat.

Ebenso schließt eine Einrede, die die Gegenforderung entkräften kann, die Aufrechnung aus (§ 390 Satz 1).

Der Schuldner darf daher z. B. nicht mit einer Forderung aufrechnen, wenn der Gläubiger ein Zurückbehaltungsrecht oder die Einrede des nicht erfüllten Vertrages erheben kann. Prozessuale Einreden, z. B. des Schiedsvertrages, hindern jedoch die Aufrechnung nicht (vgl. RGZ 123, 346).

Durch die Verjährung wird die Aufrechnung nicht ausgeschlossen, wenn die Gegenforderung zur Zeit, als sie der Hauptforderung aufrechenbar gegenüberstand, noch nicht verjährt war (§ 390 Satz 2).

b) Die Hauptforderung muß bestehen und erfüllbar, braucht aber nicht voll wirksam sein. Der Schuldner kann daher nicht gegen eine nichtige Forderung aufrechnen, wohl aber gegen eine unvollkommene Forderung.

Beispiel: Der Verlierer einer Wette kann gegen die Gewinnforderung mit einer Darlehnsforderung aufrechnen, die er gegen den Gewinner hat.

Ebensowenig hindert eine der Forderung entgegenstehende Einrede die Aufrechnung (z. B. Stundung), doch kann der Schuldner, der in Unkenntnis einer ihm zustehenden Einrede aufrechnet, kraft Bereicherungsrecht (§§ 813, 814) vom Gläubiger verlangen, daß die Aufrechnung rückgängig gemacht und die Hauptforderung wiederhergestellt wird. (Ausnahme § 222 bei verjährten Forderungen.)

Ist der Schuldner schon vor Fälligkeit zur Leistungsbewirkung berechtigt, was im allgemeinen der Fall ist (§ 271 Abs. 2), so darf er auch vor Fälligkeit aufrechnen.

II. Ausschluß der Aufrechnung.

1. Die Aufrechnung kann ausgeschlossen werden durch ausdrückliche oder stillschweigende Vereinbarung.

Beispiel: § 6 des Deutschen Einheitsmietvertrages, wo die Aufrechnung gegen den Mietzins von einer Ankündigung abhängig gemacht wird.
Der Schlächter, der von der Hausfrau Geld zum Wechseln annimmt, kann damit nicht mit einer unbezahlten Rechnung aus der letzten Fleischzuteilung aufrechnen.
Der Hauswart, der die „Mieten" einzieht, kann gegenüber dem Anspruch des Hauseigentümers auf Aushändigung des Geldes nicht mit Lohnforderungen gegen ihn aufrechnen (vgl. RGZ 160, 60).

2. Kraft Gesetzes ist die Aufrechnung ausgeschlossen:

a) Gegen eine Forderung aus einer vorsätzlich begangenen unerlaubten Handlung (§ 393).

Grund: Dem Geschädigten soll eine verstärkte Möglichkeit der Wiedergutmachung gegeben werden, da ihm nicht zugemutet werden kann, sich vor Erfüllung des Wiedergutmachungsanspruches mit dem Verletzer wegen Forderungen anderer Art auseinanderzusetzen.

Beispiel: Wer einem anderen eine Körperverletzung beigebracht hat, darf, wenn ihm die Arztrechnung vorgelegt wird, nicht mit einer etwaigen Darlehnsforderung gegen den Verletzten aufrechnen.

Eine Vertragsverletzung schließt nur dann die Aufrechung auf, wenn zugleich eine vorsätzliche unerlaubte Handlung vorliegt. Gegen eine

Forderung aus unerlaubter Handlung ist auch die Aufrechnung mit einer solchen ausgeschlossen (vgl. RGZ 123, 7). § 393 ist zwingend.

b) Gegen eine Forderung, die der Pfändung nicht unterworfen ist (§ 394).

Grund: Wenn aus sozialpolitischen Gründen die Pfändung ausgeschlossen ist, muß es auch die Aufrechnung sein.

Die wichtigsten Pfändungsverbote sind in der Lohnpfändungsverordnung vom 30. 10. 1940 (RGBl. I 1451). § 851 ZPO (für nicht übertragbare Ansprüche) und in § 852 ZPO (Pflichtteilsansprüche und Ansprüche des Schenkers) enthalten.

Der Schuldner darf jedoch nach Treu und Glauben mit solchen Forderungen aufrechnen, die auf einer vorsätzlich unerlaubten Handlung beruhen, die im Rahmen des Vertragsverhältnisses begangen ist.

Beispiel: Der Arbeitgeber (Schuldner) kann gegen die (unpfändbare) Lohnforderung des Arbeitnehmers (Gläubiger) mit Forderungen aufrechnen, die ihm gegen den Arbeitnehmer aus Diebstahl, Unterschlagung, Betrug, Untreue oder Sachbeschädigung zustehen, soweit diese Handlungen unter Benutzung der durch den Arbeitsvertrag gegebenen Zugriffsmöglichkeiten begangen sind (vgl. RGZ 85, 117).

§ 394 ist zwingend.

c) Gegen eine Forderung des Staates oder einer Gemeinde, es sei denn, daß die Gegenforderung von derselben Kasse zu berichtigen ist (§ 395).

Für Steueransprüche gilt § 124 Reichsabgabenordnung.

III. Erklärung der Aufrechnung.

1. Die Aufrechnung erfolgt durch einseitige empfangsbedürftige Willenserklärung gegenüber dem anderen Teil. Sie kann nur unbedingt und unbefristet abgegeben werden (§ 388).

2. Die Aufrechnung kann auch in einem Prozeß vollzogen werden. Sie ist sowohl Prozeßhandlung wie sachlich-rechtliche Erklärung. Häufig bestreitet jedoch der Beklagte die Forderung des Klägers überhaupt und rechnet nur für den Fall, daß das Gericht die Hauptforderung als bestehend annimmt, mit einer Gegenforderung auf (sog. Eventual-Aufrechnung). Darin liegt keine nach § 388 Satz 2 unzulässige Bedingung, da eine Aufrechnung immer eine Gegenforderung voraussetzt, sondern eine unschädliche sog. Rechtsbedingung.

Als Eventual-Vorbringen muß das Gericht jedoch zunächst die Hauptforderung auf ihr Bestehen oder Nichtbestehen prüfen und darf erst, wenn es deren Bestand bejaht, auf die Aufrechnung eingehen (sog. Beweiserhebungstheorie, h. L. vgl. RGZ 142, 176; 167, 258). Das Gericht darf also nicht einfach die (streitige) Klageforderung mit Rücksicht auf die unstreitige Gegenforderung abweisen (sog. Klagabweisungstheorie, bes. von Stölzel vertreten).

3. Hat der eine oder andere Teil mehrere zur Aufrechnung geeignete Forderungen, so kann der Aufrechnende die Forderungen bestimmen, die gegeneinander aufgerechnet werden sollen. Der andere Teil kann aber der Bestimmung unverzüglich widersprechen. Tut er dies oder trifft der Aufrechnende keine Bestimmung, so tritt die gesetzliche Tilgungsfolge des § 366 Abs. 2 ein (vgl. oben S. 73). Für Zinsen und Kosten ist § 367 entsprechend anwendbar (§ 396).

IV. Wirkung der Aufrechnung.

Durch die Aufrechnung gelten die Forderungen, soweit sie sich decken, als zu dem Zeitpunkt erloschen, in welchem sie sich zur Aufrechnung geeignet einander gegenübergetreten sind (§ 389).

1. Die Aufrechnung bewirkt das Erlöschen der Forderungen rückwirkend auf den Zeitpunkt, in dem sich beide Forderungen aufrechenbar gegenüberstanden und zu dem also die Aufrechnung schon hätte erfolgen können. Dies ist der Grund, weshalb die Aufrechnung noch möglich ist, wenn die Gegenforderung zu diesem Zeitpunkt noch nicht verjährt (§ 390), beschlagnahmt (§ 392) oder abgetreten war (§ 406).

Damit entfällt die Verpflichtung für den Schuldner, irgendeine Leistung zu erbringen, die nach diesem Zeitpunkt entstanden ist, was besonders für einen danach eingetretenen Leistungsverzug von Bedeutung sein kann.

Beispiel: Der Schuldner hatte ein Darlehn am 1. Januar 1947 zurückzuzahlen, konnte jedoch bereits zu diesem Zeitpunkt mit einer Gegenforderung aufrechnen.

Rechnet er erst am 1. Mai 1947 mit dieser Gegenforderung auf, so braucht er Verzugszinsen oder eine etwaige Vertragsstrafe nicht zu bezahlen, einen etwaigen Verzugsschaden nicht zu ersetzen.

Denn seine Verbindlichkeit gilt rückwirkend als mit dem 1. 1. 47 erloschen. Hat er bereits irgendwelche mit seinem scheinbaren Verzug zusammenhängende Beträge bezahlt, so kann er sie als ungerechtfertigte Bereicherung (§§ 812 ff.) von dem Gläubiger zurückverlangen.

2. Eine Aufrechnung ist nicht mehr möglich, wenn der Schuldner in Unkenntnis der Aufrechnungsmöglichkeit die Schuld durch die Leistung selbst erfüllt hat. Denn der Schuldner hat damit die Schuld endgültig zum Erlöschen gebracht und kann daher weder die Aufrechnungslage wieder herstellen, noch das Geleistete als ungerechtfertigte Bereicherung zurückfordern (str. vgl. RGZ 120, 280).

3. Hat der Schuldner gegenüber der Forderung des Gläubigers mit einer Gegenforderung aufgerechnet, so sind beide Forderungen endgültig getilgt. Der Gläubiger kann daher nachträglich nicht mit einer anderen Forderung aufrechnen (Ausschluß der sog. Replik der Aufrechnung).

Beispiel: Der Pächter ist vom Verpächter auf Zahlung des rückständigen Pachtzinses verklagt. Er rechnet mit Steuern und sonstigen Aufwendungen auf, die er für den Pächter verauslagt hat. Damit sind die Ansprüche des Verpächters erloschen und dieser kann den Gegenforderungen des Pächters keine sonstigen Anforderungen gegenüberstellen (vgl. RG in JW. 1937, 2326).

4. Klagt der Gläubiger nur eine Teilforderung ein und rechnet der Schuldner dann im Prozeß mit einer Gegenforderung in Höhe der Teilforderung auf, so kann der Gläubiger den Schuldner nicht auf den nicht eingeklagten Teil seiner Forderung verweisen. Denn die Entscheidung darüber, worauf sich die Aufrechnung bezieht, hat allein der Schuldner (str. vgl. RGZ 66, 266; 80, 354; JW. 1938, 1152).

Der Gläubiger muß daher seine Klage auch auf den nicht eingeklagten Teil erweitern (§ 268 Ziff. 2 ZPO).

Beispiel: Der Kläger klagt von einer Darlehnsforderung in Höhe von 4000 RM einen Teilbetrag von 2000 RM ein, der Beklagte rechnet mit einer Gegenforderung in Höhe von 2000 RM auf. Der Kläger kann jetzt nicht geltend machen, daß er im ganzen 4000 RM zu beanspruchen habe, so daß 2000 RM als eingeklagter Betrag auf jeden Fall übrig bleibt, sondern er muß seine Klage auf 4000 RM erweitern.

Hat der Kläger oder der Beklagte aber bereits vor dem Prozeß die Aufrechnung erklärt, oder der Kläger in der Klage eine Eventual-Aufrechnung ausgesprochen, daß ihm „jedenfalls" der Ueberschuß über die Gegenforderung des Beklagten verbleibt, so hat der Beklagte im Prozeß keine Aufrechnungsbefugnisse mehr.

§ 32

Erlaß und negatives Schuldanerkenntnis

I. Der Erlaß.

Das Schuldverhältnis erlischt, wenn der Gläubiger dem Schuldner durch Vertrag die Schuld erläßt (§ 397 Abs. 1).

1. Der Erlaß setzt stets einen Vertrag zwischen Gläubiger und Schuldner voraus, da dem Schuldner eine Befreiung von seiner Verbindlichkeit ohne Bewirkung der Leistung nicht aufgezwungen werden soll. Ein einseitiger Verzicht des Gläubigers auf schuldrechtliche Ansprüche ist daher unwirksam (anders im Sachenrecht, vgl. u. a. §§ 875, 928, 959).

2. Erlassen werden kann nur eine bereits bestehende, wenn auch bedingte Forderung, nicht dagegen eine künftige.

Beispiel: Der Vermieter, der im Einvernehmen mit dem Mieter den Mietzins für die Zukunft senkt, erläßt nicht den Mietzins insoweit, sondern beide Parteien ändern den Mietvertrag ab.

Der Gläubiger kann sich jedoch verpflichten, von einem Anspruch befristet keinen Gebrauch zu machen (sog. pactum de non petendo). Darin liegt aber kein Erlaß, da die Schuld nicht zum Erlöschen gebracht wird, sondern dem Schuldner nur ein Leistungsverweigerungsrecht gegeben wird.

3. Der Erlaß bedarf keiner Form und kann auch durch schlüssige Handlungen erfolgen.

Beispiel: Der Gläubiger gibt dem Schuldner die Quittung oder den Schuldschein zurück.

4. Der Erlaß bewirkt das Erlöschen der Forderung. Er enthält damit eine Verfügung über die Forderung und ist infolgedessen in seiner Wirkung unabhängig von dem Rechtsgrund, um dessen Willen er erfolgt. Der Gläubiger kann jedoch bei mangelndem Rechtsgrund geltend machen, daß der Schuldner durch das Erlöschen der Schuld grundlos bereichert ist (§§ 812 ff.) und die Wiederherstellung der Schuld verlangen.

II. Das negative Schuldanerkenntnis.

Dem Erlaß ist das vertragliche Anerkenntnis des Nichtbestehens der Schuld gleichgestellt (§ 397 Abs. 2).

Die Parteien können dadurch verschiedene Zwecke verfolgen:

1. Die Parteien wollen eine wirkliche oder für möglich gehaltene Schuld aufheben. Dann liegt ein echter Erlaß vor, der nur in die Form des negativen Anerkenntnisvertrages gekleidet ist.

Beispiel: Der Gläubiger erkennt im Bewußtsein der Unwahrheit an, daß er vom Schuldner die geschuldete Leistung erhalten habe und das Schuldverhältnis nicht mehr besteht.

2. Die Parteien wollen feststellen:

Die Schuld besteht nicht oder nicht mehr.

Stellt sich dann nachträglich heraus, daß diese Annahme unberechtigt war, so bleibt zwar die Schuld erloschen, der Gläubiger kann aber gemäß § 812 ihre Wiederherstellung verlangen, ist jedoch dafür beweispflichtig, daß die Schuld trotz der Anerkennung bestand und er bei der Anerkennung im Irrtum war.

3. Die Parteien vereinbaren ein negatives Schuldanerkenntnis im Hinblick auf die vom Schuldner erwartete Tilgung. Leistet der Schuldner dann entgegen der Erwartung nicht, so kann der Gläubiger ebenfalls die Wiederherstellung der Schuld gemäß § 812 beanspruchen.

4. Ueber negativen Anerkenntnisvertrag und Quittung (vgl. oben Seite 75).

Vierter Abschnitt

§ 33

Die Uebertragung der Forderung

Vorbemerkung:

Die Uebertragung der Forderung ist trotz der persönlichen Bindung, die zwischen Schuldner und Gläubiger besteht, im BGB und in allen anderen modernen Rechten für zulässig erklärt worden. Das BGB regelt zunächst die rechtsgeschäftliche Uebertragung von Forderungen (Abtretung §§ 398 bis 411) und läßt dann nach § 412 diese Vorschriften bei Uebertragung von Forderungen kraft Gesetzes entsprechende Anwendung finden.

Gemäß § 413 wird auch die Uebertragbarkeit anderer Rechte (z. B. erbrechtlicher Ansprüche, Urheberrechte, gewerblicher Schutzrechte) grundsätzlich anerkannt und — soweit nicht das Gesetz im einzelnen etwas anderes vorschreibt — durch entsprechende Anwendung der Vorschriften über die Uebertragung von Forderungen geregelt.

I. Voraussetzungen der Abtretung.

Eine Forderung kann von dem Gläubiger durch Vertrag mit einem anderen auf diesen übertragen werden (§ 398 Satz 1).

Zur rechtsgeschäftlichen Abtretung bedarf es danach eines Vertrages zwischen dem alten Gläubiger und dem neuen Gläubiger, ohne daß eine Zustimmung des Schuldners erforderlich ist.

1. Der Abtretungsvertrag ist ein abstraktes Verfügungsgeschäft. Er muß daher von dem zugrunde liegenden Verpflichtungsgeschäft unterschieden werden, auch wenn beide zeitlich häufig zusammenfallen. Ein Mangel in dem Grundgeschäft bewirkt daher nicht die Unwirksamkeit der Abtretung, sondern der alte Gläubiger kann nur kraft Bereicherungsrecht (§§ 812 ff.) von dem neuen Gläubiger die Rückübertragung der Forderung verlangen.

Beispiel: Der Käufer eines Kraftwagens tritt eine ihm gegen einen Dritten zustehende Forderung an den Verkäufer zwecks Bezahlung des Kaufpreises ab. Ficht der Käufer den Kaufvertrag wegen arglistiger Täuschung an (§ 123), so bleibt die Abtretung wirksam. Auch kann sich jetzt der Dritte gegenüber dem Leistungsanspruch des Verkäufers nicht auf die Unwirksamkeit des Kaufvertrages berufen. Der Käufer kann aber von dem Verkäufer verlangen, daß er ihm die abgetretene Forderung wieder zurücküberträgt; denn der Verkäufer ist um sie nunmehr ungerechtfertigt bereichert.

2. Die Abtretung ist grundsätzlich formfrei. Dies gilt auch dann, wenn die abgetretene Forderung zu ihrer Begründung der Form bedurft hätte.

Beispiel: Der Anspruch auf Auflassung (Uebertragung des Eigentums an einem Grundstück) kann abgetreten werden, ohne daß es dazu der Form des § 313 BGB bedarf (vgl. RGZ 111, 299).

Eine Ausnahme gilt für Forderungen aus Wertpapieren, soweit diese durch Abtretung übertragen werden können (insbesondere Rekta- und Orderpapiere) und für Grundpfandrechte. Hier muß zum Abtretungsvertrag grundsätzlich noch die Uebergabe des Wertpapiers hinzukommen. Zur Abtretung einer Briefhypothek — Grundschuld oder Rentenschuld — ist Uebergabe des Briefes oder schriftliche Abtretungserklärung erforderlich (§§ 1154 Abs. 1, 1192, 1199). Ist die Erteilung des Briefes ausgeschlossen, so ist zur Abtretung die Eintragung im Grundbuch erforderlich (§ 1154 Abs. 3).

Der bloße Abtretungsvertrag reicht dagegen aus bei Sparkassenbüchern, da diese keine Wertpapiere im eigentlichen Sinne darstellen.

3. Die Abtretung von Forderungen ist, soweit nicht besondere Ausnahmen bestehen (siehe II), regelmäßig zulässig. Der Gläubiger ist auch zur Teilabtretung befugt, doch darf dadurch der Schuldner nicht unzumutbar beschwert werden. Auch befristete, bedingte oder künftige Forderungen können abgetreten werden, sofern sie genügend bestimmt oder zumindest bestimmbar sind. Dieses Erfordernis ist besonders für die Wirksamkeit des sog. verlängerten Eigentumsvorbehaltes von Bedeutung.

Beispiel: Der Verkäufer einer Ware vereinbart mit dem Käufer, daß die Ware bis zur völligen Bezahlung Eigentum des Verkäufers bleiben soll. Der Käufer wird befugt, die Ware weiter zu veräußern, muß aber alle aus der Weiterveräußerung erwachsenden Ansprüche im voraus im vollen Umfange an den Verkäufer ab. Der Verkäufer ermächtigt den Käufer, die Forderungen für ihn käufer abtreten.

Derartige Abtretungen von Forderungen sind gültig, sofern im Wege der Auslegung der Gegenstand der Abtretung genau ermittelt werden kann. Dazu gehört der Rechtsgrund, dem sie entstammen und der Umfang, in dem sie abgetreten werden sollen. Die Bestimmbarkeit wird oft zu verneinen sein, wenn der Käufer die Ware verarbeitet und dem Dritterwerber sowohl den Gegenwert der Ware wie die Verarbeitungskosten in Rechnung stellt; denn es wird sich dann meist nicht feststellen lassen, wie sich der von dem Dritterwerber gezahlte Gesamtbetrag zusammensetzt (vgl. RGZ 155, 29).

II. Ausschluß der Abtretung.

1. Die Parteien können die Abtretung von Forderungen ausschließen. Eine dahingehende Vereinbarung nimmt der Forderung die Veräußerungsfähigkeit, sodaß eine entgegen der Abrede getroffene Abtretung unwirksam ist. Die Abtretung wird jedoch wirksam, wenn der Schuldner nachträglich zustimmt.

Beispiel: Fahrkarten von öffentlichen Verkehrsmitteln sind nach Antritt der Fahrt „unübertragbar".

2. Eine Forderung kann nicht abgetreten werden, „wenn die Leistung an einen anderen als den ursprünglichen Gläubiger nicht ohne Veränderung ihres Inhalts erfolgen kann" (§ 399).

Beispiel: Ansprüche aus Dienstverträgen (Dienstleistung der Hausgehilfin) und oft auch aus Werkverträgen (Bildbestellung bei einem Kunstmaler, Operation bei einem Arzt), auf Unterhalt oder auf Hingabe eines Darlehns.

3. Eine Forderung kann nicht abgetreten werden, sofern sie der Pfändung nicht unterworfen ist (§ 400).

4. Schließlich können Forderungen nicht abgetreten werden, bei denen das Gesetz infolge der persönlichen Beziehung zwischen Schuldner und Gläubiger die Abtretung ausdrücklich ausschließt.

Beispiel: Ansprüche auf ein Vorkaufsrecht (§ 514), der Gesellschafter aus dem Gesellschaftsvertrag (§ 717 Satz 1), auf Schmerzensgeld (§ 847), auf „Kranzgeld" (§ 1300) sowie auf Aussteuer (§ 1626).

III. Wirkung der Abtretung.

1. Mit dem Abschluß des Abtretungsvertrages geht die Forderung von dem alten Gläubiger auf den neuen über (§ 398 S. 2), und zwar nur das einzelne Forderungsrecht als solches, nicht dagegen das ganze Schuldverhältnis.

Beispiel: Das Mitglied eines eingetragenen Vereins kann einzelne vermögensrechtliche Ansprüche gegen den Verein abtreten, nicht dagegen seine ganze mitgliedschaftsrechtliche Stellung.

Der Uebergang eines ganzen Schuldverhältnisses kann jedoch durch andere gesetzliche Mittel erreicht werden, insbesondere durch Verbindung von Abtretung und Schuldübernahme.

Beispiel: Der Erwerber eines vermieteten Grundstückes tritt „anstelle des Vermieters in die sich aus dem Mietvertrag ergebenden Rechte und Pflichten ein" (§ 571); ähnlich tritt bei einem Wohnungstausch der neue Mieter in den Mietvertrag des alten ein. Hierbei müssen — von den Befugnissen der Wohnungsämter abgesehen — der alte und der neue Mieter sowie der Vermieter zustimmen.

2. Die abgetretene Forderung geht in dem Zustand auf den neuen Gläubiger über, wie sie der bisherige Gläubiger besessen hat.

a) Der bisherige Gläubiger muß daher dem neuen Gläubiger die zur Geltendmachung der Forderung nötige Auskunft erteilen (z. B. ob ein Rechtsstreit anhängig ist), sowie die zum Beweise der Forderung dienenden Urkunden, die er in seinem Besitz hat, aushändigen (§ 402).

Das Eigentum an der Schuldurkunde selbst geht gemäß § 952 bereits mit der Abtretung auf den neuen Gläubiger über.

Der neue Gläubiger kann auch verlangen, daß ihm der bisherige Gläubiger eine öffentlich beglaubigte Urkunde über die Abtretung ausstellt. Die Kosten dafür hat der neue Gläubiger zu tragen und vorzuschießen (§ 403).

Der bisherige Gläubiger muß auch alles unterlassen, was den neuen Gläubiger schädigt, er darf insbesondere die Leistung des Schuldners nicht mehr entgegennehmen. Er ist bei schuldhafter Verletzung seiner Pflichten schadenersatzpflichtig (vgl. RGZ 111, 103). Erhält er die Leistung des Schuldners ohne sein Verschulden (z. B. durch Aufrechnung, vgl. unten IV, 2), so ist er gemäß § 816 Abs. 2 zur Herausgabe des Erlangten an den neuen Gläubiger verpflichtet.

b) Der neue Gläubiger erwirbt alle für die Forderung bestellten Hypotheken, Schiffshypotheken, Pfandrechte und Bürgschaften (§ 401 Abs. 1). Er kann ebenfalls alle Vorzugsrechte, die mit der Forderung für den Fall der Zwangsvollstreckung (vgl. §§ 804 Abs. 2, 850 Ziff. 4 ZPO, 10, 155 Abs. 2 ZVG) oder des Konkurses (§§ 61, 62 KO) verbunden sind, geltend machen (§ 401 Abs. 2).

c) Der neue Gläubiger erwirbt die Forderung aber auch mit allen ihr anhaftenden Mängeln.

Der Schuldner kann dem neuen Gläubiger daher alle Einwendungen entgegensetzen, die zur Zeit der Abtretung der Forderung gegen den bisherigen Gläubiger begründet waren (§ 404).

Beispiel: Der Schuldner kann einwenden, daß die Forderung nicht bestehe, weil der Vertrag, dem sie entstammt, nur zum Schein geschlossen oder wegen Sittenwidrigkeit nichtig sei. Er kann sich auf Stundung berufen, die Einrede der Verjährung oder des nichterfüllten Vertrages erheben.

„Begründet" sind alle diejenigen Einwendungen, die im Schuldverhältnis ihren Grund finden, auch wenn sie erst nach der Abtretung wirksam werden.

Beispiel: Der Schuldner kann dem neuen Gläubiger die Verjährung der Forderung entgegenhalten, die erst nach der Abtretung vollendet ist (vgl. RGZ 124, 114). Bei gegenseitigen Verträgen kann der Schuldner dem neuen Gläubiger gegenüber seine Rechte auch aus dem Leistungsverzug des alten Gläubigers geltend machen, der erst nach der Abtretung eingetreten ist (vgl. RGZ 83, 282).

Eine wichtige Ausnahme zum Schutz des gutgläubigen Erwerbers trifft jedoch § 405: Wenn der Schuldner eine Urkunde über die Schuld ausgestellt hat und diese bei der Abtretung vorgelegt wird, so kann er sich dem gutgläubigen neuen Gläubiger gegenüber nicht darauf berufen, daß die Eingehung oder Anerkennung des Schuldverhältnisses nur zum Schein erfolgt oder die Abtretung durch Vereinbarung mit dem ursprünglichen Gläubiger ausgeschlossen sei.

Da hierdurch der redliche Verkehr geschützt werden soll, gilt § 405 nicht für den gesetzlichen Forderungsübergang (§ 412).

IV. Schutzvorschriften für den Schuldner.

Da der Schuldner an der Abtretung völlig unbeteiligt ist und sie ihm auch nicht angezeigt zu werden braucht, sind zu seinem Schutze Vorschriften erforderlich, wenn er in Unkenntnis der Abtretung gegenüber dem alten Gläubiger ein Erfüllungsgeschäft vornimmt. Andererseits darf er auch dadurch keinen Nachteil erleiden, daß er auf Grund einer Mitteilung des alten Gläubigers von der Abtretung an den neuen Gläubiger leistet und sich nachträglich die Unwirksamkeit der Abtretung herausstellt.

1. Leistungen an den bisherigen Gläubiger.

a) Der neue Gläubiger muß jede Leistung, die der gutgläubige Schuldner nach der Abtretung an den bisherigen Gläubiger erbringt, oder jedes Rechtsgeschäft, das mit dem bisherigen Gläubiger in Ansehung der Forderung vorgenommen wird (z. B. Vergleich, Stundung, Erlaß), gegen sich gelten lassen (§ 407 Abs. 1).

Beispiel: Ein Verkäufer eines Kraftwagens hat die Kaufpreisforderung gegen den Käufer an einen seiner Lieferanten abgetreten, ohne es dem Schuldner mitzuteilen. Bezahlt jetzt der Käufer noch an den Verkäufer, so kann der Lieferant die Zahlung nicht noch einmal an sich fordern.

Da mit dieser Bestimmung jedoch nur der Schutz des Schuldners bezweckt ist, kann er die Zahlung an den bisherigen Gläubiger als ungerechtfertigte Bereicherung zurückfordern. Er wird dies besonders dann tun, wenn er eine aufrechenbare Gegenforderung gegen den neuen Gläubiger hat (vgl. RGZ 83, 188).

b) Der neue Gläubiger muß auch ein rechtskräftiges Urteil aus einem Rechtsstreit, der anhängig geworden ist, bevor der Schuldner von der Abtretung Kenntnis erhalten hat, gegen sich gelten lassen (§ 407 Abs. 2).

§ 407 Abs. 2 bedeutet eine Erweiterung der Rechtskraft gegenüber § 325 ZPO.

c) Wird eine bereits abgetretene Forderung von dem bisherigen Gläubiger nochmals an einen Dritten abgetreten und erfährt der Schuldner zwar von der zweiten, nicht aber von der ersten (wirksamen) Abtretung, so gilt das zu a) und b) ausgeführte entsprechend (§ 408).

Beispiel: Ein Hauseigentümer tritt ein- und dieselbe Mietzinsforderung zunächst an den Dachdecker und dann nochmals an den Schornsteinfeger ab. Der Mieter erfährt nur von der Abtretung an den letzteren und zahlt an diesen. Diese Zahlung muß der Dachdecker gegen sich gelten lassen.

d) Beweispflichtig für die Kenntnis des Schuldners ist der neue Gläubiger. Bloßes „Kennenmüssen" reicht nicht aus, insbesondere nicht der bloße „Zugang" einer Anzeige des bisherigen Gläubigers gemäß § 130, andererseits schließt aber die Möglichkeit eines Zweifels die zuverlässige Kenntnis nicht aus. Es ist im Einzelfall festzustellen, ob der Schuldner auf Grund tatsächlicher Umstände (z. B. Anzeige durch den neuen Gläubiger) von der Abtretung wirklich Kenntnis gehabt hat.

2. Aufrechnung mit Forderungen gegen den bisherigen Gläubiger (§ 406).

Der Schuldner kann mit einer ihm gegen den bisherigen Gläubiger zustehenden Forderung grundsätzlich auch dem neuen Gläubiger gegenüber aufrechnen (§ 406).

Bei Gegenforderungen, die vor der Abtretung entstanden und fällig geworden sind, gilt dies unbeschränkt.

Ist die Gegenforderung bereits vor der Abtretung entstanden, aber erst nach der Abtretung fällig geworden, so kann der Schuldner nur dann nicht aufrechnen, wenn die Gegenforderung erst nach der abgetretenen Forderung fällig geworden ist und der Schuldner vor Fälligkeit der Gegenforderung von der Abtretung Kenntnis erlangt hat.

Beispiel: Der bisherige Gläubiger tritt eine am 1. Januar 1947 fällige Schuld an den neuen Gläubiger am 30. Juni 1946 ab. Der Schuldner hat seit dem 30. Mai 1946 gegen den bisherigen Gläubiger eine Forderung. Er darf damit gegen den neuen Gläubiger nicht aufrechnen, wenn diese Forderung erst nach dem 1. Januar 1947 fällig wird und der Schuldner vor ihrer Fälligkeit von der Abtretung erfährt.

Andererseits kann der Schuldner sogar mit gewissen Gegenforderungen, die er erst nach der Abtretung gegen den bisherigen Gläubiger erworben hat, auch dem neuen Gläubiger gegenüber aufrechnen. Voraussetzung ist, daß der Schuldner bei Erwerb der Gegenforderung von der Abtretung noch nichts wußte und die Gegenforderung nicht später als die abgetretene Forderung fällig geworden ist.

Beispiel: Der bisherige Gläubiger tritt eine am 1. Januar 1947 fällige Schuld an den neuen Gläubiger am 30. Juni 1946 ab. Der Schuldner erwirbt am 30. Juli 1946 ein Forderung gegen den bisherigen Gläubiger. Der Schuldner kann mit dieser Forderung dem neuen Gläubiger gegenüber aufrechnen, wenn er von der Abtretung erst nach dem 30. Juli 1946 erfahren hat und seine Forderung spätestens am 1. Januar 1947 fällig geworden ist.

3. Abtretungsanzeige und Abtretungsurkunde.

a) Hat der Gläubiger dem Schuldner mündlich oder schriftlich angezeigt, daß er die Forderung an einen Dritten abgetreten hat, so muß er die Anzeige gegen sich gelten lassen, auch wenn die Abtretung in Wirklichkeit nicht erfolgt oder unwirksam ist. Der Widerruf der Anzeige ist nur mit Zustimmung des darin als neuen Gläubiger Bezeichneten möglich. Der Anzeige steht die Ausstellung einer vom Gläubiger ausgestellten Abtretungsurkunde gleich, die dem Schuldner vorgelegt wird (§ 409).

b) Verpflichtet zur Leistung an den neuen Gläubiger ist der Schuldner sogar nur dann, wenn der bisherige Gläubiger ihm die Abtretung schriftlich anzeigt oder ihm eine von dem bisherigen Gläubiger ausgestellte Abtretungsurkunde vorgelegt wird.

Der Schuldner hat damit bis zum Nachweis der Berechtigung des neuen Gläubigers ein Leistungsverweigerungsrecht. Auch eine Kündigung oder Mahnung, die ohne Vorlage einer Urkunde oder vorangegangenen schriftlichen Anzeige erfolgt, ist unwirksam, wenn sie der Schuldner aus diesem Grunde unverzüglich zurückweist (§ 410).

V. Besondere Formen der Abtretung.

1. Die treuhänderische Abtretung.

Die Abtretung einer Forderung zur Sicherung oder zur Kreditbeschaffung ist ebenso wie die Sicherungsübereignung einer Rechtsübertragung, die über den wirtschaftlichen Zweck hinausgeht. Der Treuhänder (neue Gläubiger) wird nach außen voll berechtigt und der Schuldner darf nur an ihn leisten. Andererseits kann der Treugeber (bisheriger Gläubiger) im Unterschied zur einfachen Abtretung auch auf Leistung an den Treuhänder klagen. Der Treuhänder ist verpflichtet, neben seinen eigenen Interessen auch die des Treugebers wahrzunehmen. Er muß daher die abgetretene Forderung ordnungsgemäß einziehen und, wenn er sich aus dem Erlös befriedigt hat, einen etwaigen Ueberschuß an den Treugeber herausgeben. Befriedigt der Treugeber den Treuhänder und braucht sich der Treuhänder infolgedessen nicht an die abgetretene Forderung zu halten, so ist der Treuhänder zur Rückabtretung der Forderung an den Treugeber verpflichtet. Da die Abtretung auch im Interesse des Treuhänders erfolgt, kann der Treugeber sie nicht widerrufen.

Beispiel: Eine Getreidefirma liefert einem Landwirt Kunstdünger auf Kredit. Zur Sicherung für ihre Forderung läßt sie sich im voraus eine hypothekarisch gesicherte Forderung gegen einen Dritten abtreten. Erfüllt der Landwirt seine Zahlungsverpflichtungen nicht, so kann die Getreidefirma ihre Rechte aus der Hypothek auch gegenüber dem Dritten geltend machen, muß jedoch einen etwaigen Ueberschuß über die Warenforderung an den Landwirt abführen. Erfüllt der Landwirt seine Verbindlichkeiten gegenüber der Firma rechtzeitig, so ist die Firma zur Rückübertragung der Hypothek verpflichtet (vgl. RGSt 69, 225).

2. Inkassozession und Inkassomandat.

Erfolgt die Abtretung der Forderung „zur Einziehung", so kann dies auch eine treuhänderische Abtretung (wie zu 1) darstellen, besonders wenn damit eine Sicherung für den neuen Gläubiger verbunden sein soll (sog. Inkassozession).

Geschieht die Einziehung aber lediglich im Interesse des bisherigen Gläubigers, z. B. im Rahmen einer Verwaltertätigkeit, so ist eine bloße Einziehungsermächtigung (sog. Inkassomandat) gegeben. Der Ermächtigende behält das volle Gläubigerrecht und der Ermächtigte ist nur gemäß § 185 befugt, im eigenen Namen für Rechnung des Gläubigers die Forderung einzuziehen (vgl. RGZ 117, 72; 133, 241). Der Schuldner muß an den Ermächtigten zahlen, darf aber nur mit Forderungen gegen den Ermächtigenden aufrechnen, da dieser Inhaber der Forderung bleibt.

Im Gegensatz zur treuhänderischen Abtretung kann der Ermächtigende die Einziehungsermächtigung jederzeit widerrufen, da dadurch ein Interesse des Ermächtigten nicht verletzt wird.

VI. Forderungsübergang kraft Gesetzes und durch richterlichen Beschluß.

1. Für die Uebertragung einer Forderung kraft Gesetzes finden die Vorschriften über die Abtretung entsprechende Anwendung. Notwendig ist jedoch eine besondere gesetzliche Bestimmung in jedem einzelnen Fall (§ 412).

Beispiel: § 268 Abs. 3 (Anspurch des Dritten bei Befriedigung eines Gläubigers auf Grund des Ablösungsrechts), § 426 Abs. 2 (Ausgleichsanspruch bei Gesamtschuldnern), § 774 Abs. 1 (Rückgriffsrecht des Bürgen), § 1607 Abs. 2 (Anspruch des Unterhaltsleistenden gegen den zunächst Verpflichteten), vgl. noch §§ 1143 Abs. 1, 1150, 1249, 1709 BGB, § 67 VersichVertrGes. und § 1542 Reichsversicherungsordnung.

Sofern mit dem gesetzlichen Uebergang der Forderung dem neuen Gläubiger ein Ersatzanspruch gegen den Schuldner gegeben werden soll, darf der Uebergang nicht zum Nachteil des alten Gläubigers geltend gemacht werden (vgl. RGZ 126, 178 und oben S. 28).

2. Eine Forderungsübertragung durch Gerichtsbeschluß ist im Vollstreckungsrecht möglich, wenn der Gläubiger eine Geldforderung des

Schuldners an einen Dritten hat pfänden und sich überweisen lassen. Meist erfolgt die Ueberweisung jedoch nur zur Einziehung, wodurch der Gläubiger nur zur Geltendmachung des Rechts des Schuldners im eigenen Namen ermächtigt wird. Die Ueberweisung zur Einziehung an Zahlungs Statt (die nur auf ausdrücklichen Antrag des Gläubigers geschehen darf und nur bei Geldforderungen zulässig ist), ist dagegen eine echte Forderungsübertragung. Sie wird mit der Zustellung des Ueberweisungsbeschlusses an den Drittschuldner wirksam. Soweit sich nicht aus der Besonderheit des Vollstreckungsverfahrens Abweichungen ergeben, finden die Vorschriften über die Abtretung des BGB entsprechende Anwendung (vgl. §§ 829 ff. ZPO, insbesondere § 835 ZPO).

Fünfter Abschnitt

§ 34

Die Schuldübernahme

Vorbemerkung:

Aehnlich wie bei der Abtretung an die Stelle des bisherigen Gläubigers ein anderer tritt, bewirkt die Schuldübernahme einen Wechsel in der Person des Schuldners: Der alte Schuldner wird durch den Eintritt eines neuen von der Verpflichtung gegenüber dem Gläubiger befreit (sog. befreiende Schuldübernahme).

Oft tritt jedoch der neue Schuldner nur neben den alten Schuldner in das Schuldverhältnis ein. Der alte Schuldner bleibt dann weiter verpflichtet, und der Gläubiger kann sich dann nur zusätzlich an den neuen Schuldner halten (sog. bestärkende Schuldübernahme, Schuldbeitritt). Hiervon muß wiederum besonders die Bürgschaft, die vielfach sehr ähnlich ist, unterschieden werden.

Verpflichtet sich ein Dritter lediglich gegenüber dem Schuldner, die Leistung an den Gläubiger zu erbringen, so ist überhaupt keine Schuldübernahme, sondern nur eine sog. Erfüllungsübernahme gegeben. Denn dann kann nur der Schuldner Leistung an den Gläubiger verlangen, der Gläubiger selbst hat aber keinen unmittelbaren Anspruch an den Dritten.

Die Vorschriften des Fünften Abschnittes beziehen sich nur auf die befreiende Schuldübernahme.

I. Voraussetzungen der Schuldübernahme.

1. Allgemeine Vorschriften.

Die Schuldübernahme bedarf stets der Mitwirkung des Gläubigers, da ihm ein neuer Schuldner nicht ohne seinen Willen aufgezwungen werden kann.

Die Schuldübernahme geschieht:

a) durch Vertrag des Uebernehmers mit dem Gläubiger (§ 414). Die Zustimmung des Schuldners ist nicht erforderlich. Die Forderung geht mit dem Vertragsschluß auf den Unternehmer über.

b) Durch Vertrag zwischen Schuldner und Uebernehmer (§ 415). Die Wirksamkeit dieses Vertrages hängt von der Genehmigung des Gläubigers ab.

Die Genehmigung kann von dem Gläubiger erst erteilt werden, wenn der Schuldner oder der Uebernehmer dem Gläubiger von der Uebernahme Mitteilung gemacht hat. Bis zur Genehmigung können der Schuldner und der Uebernehmer den Vertrag noch ändern oder aufheben.

Gibt der Gläubiger keine Erklärung ab, so können der Schuldner oder der Uebernehmer dem Gläubiger eine Frist zur Genehmigung setzen, nach deren fruchtlosem Ablauf die Genehmigung als verweigert gilt. Erteilt der Gläubiger die Genehmigung aber, so wirkt sie auf den Zeitpunkt zurück, in dem der Schuldübernahmevertrag zwischen dem Schuldner und dem Uebernehmer abgeschlossen wurde.

Verweigert der Gläubiger die Genehmigung, so gilt die Schuldübernahme als nicht erfolgt. Der Uebernehmer ist dann jedoch im Zweifel dem Schuldner gegenüber verpflichtet, den Gläubiger rechtzeitig zu befriedigen. Das gleiche gilt auch, solange nicht feststeht, ob der Gläubiger die Genehmigung erteilen wird. Die Schuldübernahme wirkt daher in diesen Fällen im Verhältnis zwischen Uebernehmer und Schuldner als Erfüllungsübernahme.

2. Die Schuldübernahme bedarf keiner Form, jedoch kann sich aus dem Inhalt der übernommenen Schuld ein Formerfordernis ergeben, z. B. wenn der Uebernehmer die Verpflichtung eingeht, das Eigentum an einem Grundstück zu übertragen (§ 313, vgl. RGZ 103, 156).

3. Sondervorschrift für die Uebernahme von Hypothekenschulden.

Eine Sonderregelung für die Uebernahme einer hypothekarisch gesicherten Schuld trifft § 416.

Häufig übernimmt der Erwerber eines Grundstückes eine auf dem Grundstück lastende Hypothek, meist in Anrechnung auf den Kaufpreis. Eine solche Uebernahme schließt nach der Verkehrsauffassung auch die Vereinbarung der Uebernahme der (der Hypothek zugrundeliegenden) persönlichen Schuld ein. Während es zur Uebernahme der Hypothek keines Uebertragungsaktes bedarf, da diese als dingliche Last am Grundstück haftet, müßte die Uebernahme der persönlichen Schuld durch den Grundstückserwerber gemäß §§ 414, 415 erfolgen. Weil aber die persönliche Schuld gegenüber der dinglichen Sicherheit nur eine geringere Bedeutung hat und ein Auseinanderfallen von dinglicher und persönlicher Schuld zu vermeiden ist, erleichtert § 416 ihren Uebergang auf den Grundstückserwerber.

Im Gegensatz zu § 415 gilt die Genehmigung der Schuldübernahme als erteilt, wenn der Gläubiger auf eine entsprechende Mitteilung sechs Monate geschwiegen hat. Voraussetzung für diese Rechtswirkung ist, daß der Veräußerer dem Gläubiger die Uebernahme schriftlich mitgeteilt hat unter dem Hinweis, daß er an die Stelle des Schuldners trete, wenn die Genehmigung nicht binnen sechs Monaten verweigert werde. Die Mitteilung kann erst erfolgen, wenn der Erwerber im Grundbuch als Eigentümer eingetragen ist.

Beispiel: Der Erwerber eines Grundstückes hat die auf dem Grundstück lastende Darlehnshypothek einer städtischen Sparkasse in Anrechnung auf den Kaufpreis übernommen. Er wird am 1. Februar 1947 als Eigentümer im Grundbuch eingetragen. Damit haftet er der Sparkasse mit dem Grundstück für die Hypothek, während der Veräußerer der Sparkasse zunächst noch für die persönliche Schuld (aus Darlehen) einstehen muß. Am 1. März 1947 teilt der Veräußerer der Sparkasse schriftlich die Schuldübernahme mit unter dem Hinweis, daß er an die Stelle des Veräußerers trete, wenn die Sparkasse die Uebernahme nicht innerhalb von sechs Monaten nach Empfang der Mitteilung verweigere. Die Sparkasse erhält die Nachricht am 3. März 1947. Erwidert sie auf diese Mitteilung nichts, so gilt mit dem Ablauf des 3. September 1947 die Genehmigung als erteilt und auch die persönliche Schuld geht auf den Erwerber über.

II. Wirkung der Schuldübernahme.

Mit der Uebernahme tritt der Uebernehmer an die Stelle des bisherigen Schuldners in das Schuldverhältnis ein.

1. Die Schuldübernahme enthält eine Verfügung über die Forderung und zugleich eine Verpflichtung des Uebernehmers, die Schuld gegenüber dem Gläubiger zu erfüllen. Als Verfügungsgeschäft ist sie abstrakt und infolgedessen auch wirksam, wenn der Rechtsgrund, um dessentwillen sie erfolgt, nicht besteht.

Der Uebernehmer kann daher aus dem der Uebernahme zugrunde liegenden Rechtsverhältnis zwischen ihm und dem bisherigen Schuldner dem Gläubiger gegenüber keine Einwendungen erheben, gleichgültig, ob die Uebernahme gemäß §§ 414 oder 415 erfolgte (§ 417 Abs. 2).

Beispiel: Ein Kaufmann übernimmt eine Schuld seines Lieferanten, um damit seinerseits eine Schuld an den Lieferanten zu tilgen. Stellt sich nachträglich heraus, daß die Schuld des Kaufmanns an den Lieferanten längst erfüllt war, so kann sich der Kaufmann darauf nicht gegenüber dem Gläubiger des Lieferanten berufen. Der Kaufmann kann gemäß § 812 aber von dem Lieferanten Befreiung von der Schuldübernahme verlangen.

2 Die Schuldübernahme ist Nachfolge in die Schuld.

a) Der Uebernehmer kann dem Gläubiger alle Einwendungen entgegenhalten, die der alte Schuldner ihm entgegensetzen durfte. Ihm ist nur die Aufrechnung mit einer Forderung des bisherigen Schuldners untersagt (§ 417 Abs. 1).

b) Die für die Forderung bestellten Bürgschaften, Pfandrechte, Hypotheken und Schiffshypotheken gehen jedoch verloren, da die Person des Schuldners für den Besteller dieser Rechte wesentlich ist.

Die Sicherungsrechte bleiben aber bestehen, wenn der Bürge oder der Eigentümer der verhafteten Sache in die Schuldübernahme einwilligt (§ 418 Abs. 1).

Ein mit der Forderung verbundenes Konkursvorrecht kann im Konkurse des Uebernehmers nicht geltend gemacht werden (§ 418 Abs. 2).

III. Schuldübernahme, Schuldbeitritt und Bürgschaft.

1. Schuldbeitritt und Schuldübernahme.

Die Vereinbarung eines Schuldbeitrittes erfolgt in der gleichen Weise wie die der Schuldübernahme, also entweder durch Vertrag mit dem Gläubiger oder mit dem Schuldner. Im letzteren Fall ist eine Zustimmung des Gläubigers nicht erforderlich, da der Schuldbeitritt ein reiner Verpflichtungsvertrag ist. Der Gläubiger wird als begünstigter Dritter dadurch nur berechtigt, sich auch an den Beitretenden zu halten. Der Beitretende kann daher (im Gegensatz zur Schuldübernahme, § 417 Abs. 2) dem Gläubiger auch alle Einreden aus dem zugrunde liegenden Rechtsverhältnis geltend machen (§ 334).

Ob ein Schuldbeitritt oder eine Schuldübernahme vorliegt, muß in jedem Fall durch die Auslegung ermittelt werden. Besonders der Zweck der Vereinbarung und ein daraus abzuleitendes Interesse des Gläubigers und des Uebernehmers an der Forthaftung des alten Schuldners werden häufig maßgebend sein. Die Uebernahme der Hypothekenschuld gemäß § 416 ist im Zweifel als befreiende Schuldübernahme anzusehen.

2. Schuldbeitritt und Bürgschaft.

Der Schuldbeitritt kann oft der Bürgschaft sehr ähnlich sein, da sich der Gläubiger in beiden Fällen außer an den Schuldner auch an einen Dritten halten kann. Während jedoch der Bürge für eine fremde Schuld einstehen muß, die in ihrem Bestand von der Hauptschuld abhängig ist, wird der Beitretende Träger einer eigenen Schuld, die nach ihrer Entstehung von der ursprünglichen Schuld weitgehend selbständig ist. Dem Bürgen stehen nur die ihm besonders zugebilligten Einreden zur Seite, während der Beitretende alle Einreden eines Gesamtschuldners erheben kann. Der Schuldbeitritt bedarf auch nicht der Form des § 766, da der Beitretende im Gegensatz zum Bürgen von vornherein mit seiner Inanspruchnahme rechnen muß.

Ob im Einzelfall Bürgschaft oder Schuldübernahme vorliegt, ist ebenfalls aus dem Zweck des Vertrages und den allgemeinen Umständen zu entnehmen. Die gebrauchten Worte sind allein nicht maßgeblich. Für einen Schuldbeitritt wird oft ein eigenes, unmittelbares sachliches Interesse des Beitretenden an der Erfüllung des Vertrages und Leistung an den Gläubiger sprechen. Im Zweifel wird immer Bürgschaft anzunehmen sein.

Beispiel: Die Mutter, deren Tochter in den Verdacht der Veruntreuung von Kassengeldern gekommen ist, erklärt: „Wenn ein Pfennig in der Kasse fehlt, werde ich dafür aufkommen": Bürgschaft, da nur persönliches Interesse, die Tochter vor Strafanzeige zu schützen (vgl. RGZ 90, 418)[1].

Eine Maschinenfabrik liefert dem Inhaber einer Dampfwäscherei für seinen Betrieb eine Sauganlage, die dieser nur zum Teil bezahlt. Der Sohn des Inhabers der Wäscherei, der den Betrieb übernimmt, erklärt dem Prokuristen der Maschinenfabrik mündlich, daß er den Rest des Kaufpreises zahlen werde: Schuldübernahme, da eigenes Interesse des Sohnes an der Anlage zum Betrieb seiner Wäscherei (vgl. RGZ 64, 320).

IV. Die Vermögensübernahme.

Uebernimmt jemand durch Vertrag das Vermögen eines anderen, so haftet er für die auf dem Vermögen lastenden Schulden neben dem Uebergeber. (Gesetzlicher Fall eines Schuldbeitritts)[2] (§ 419).

Der Gläubiger soll dort, wo die Vermögensmasse, die natürliche Unterlage für den dem Schuldner gewährten Kredit, geblieben ist, seine Befriedigung suchen können (vgl. RGZ 92, 86).

1. Voraussetzungen der Haftung.

a) Voraussetzungen sachlich-rechtlicher Art.

Die Haftung des Uebernehmers tritt einmal ein, wenn sich der Veräußerer in einem gerichtlich oder notariell beurkundeten Vertrag zur Uebernahme seines Vermögens verpflichtet hat. Die Haftung besteht aber ebenso, wenn ein Uebernahmevertrag nicht geschlossen oder nichtig ist, aber tatsächlich die dingliche Uebertragung des ganzen oder nahezu des ganzen Vermögens erfolgt ist.

Die Uebertragung einer Gesamtheit (z. B. eines Bauernhofes) ist nicht erforderlich, auch die Uebertragung einzelner Vermögensstücke, die zusammen das ganze Vermögen darstellen, kann die Haftung begründen. Sogar ein einziger Gegenstand, der das einzige oder nahezu das einzige Gut des Veräußerers ausmacht, kann nach der Verkehrsauffassung ein Vermögen im Sinne von § 419 bilden (z. B. ein Grundstück, eine wertvolle Wohnungseinrichtung, nicht dagegen ein einzelnes Kleidungsstück, Möbelstück oder Haustier).

Ein von dem Uebernehmer gezahltes Entgelt ist bei der Ermittlung, ob das gesamte Vermögen des Veräußerers übertragen ist, jedoch nicht als neues Vermögen in Betracht zu ziehen.

---

[1] Die Entscheidung gibt zugleich ein lehrreiches Beispiel für den Unterschied zum Garantievertrag, mit dem sich der Schuldbeitritt ebenfalls berühren kann. Vgl. auch RGZ 143, 123 ff.

[2] Sonstige wichtige Fälle § 1085 ff. (Nießbrauch an einem Vermögen), §§ 2382, 2385 (Erbschaftskauf), § 25 HGB (Uebernahme eines Handelsgeschäfts mit Firma), daneben aber auch § 419 anwendbar, wenn das Geschäft das Gesamtvermögen des Veräußerers ausmacht.

b) Voraussetzungen persönlicher Art.

Der Uebernehmer braucht sich im allgemeinen nicht bewußt zu sein, daß er das ganze Vermögen des Veräußerers übernimmt.

Werden jedoch einzelne oder nur ein einzelner Gegenstand übertragen, so gehört zum gesetzlichen Tatbestand des § 419, daß der Erwerber die Verhältnisse des Veräußerers kennt, aus denen sich ergibt, daß mit dem überlassenen Gegenstand das ganze Vermögen auf ihn übergeht.

Dies muß besonders gelten, wenn ein Grundstück das Vermögen ausmacht, da andernfalls der Schutz des gutgläubigen Erwerbers gemäß § 892 durch die Haftung nach § 419 praktisch ausgeschaltet und der Grundstückserwerber mit weitgehenden Nachforschungspflichten nach den persönlichen Verhältnissen des Veräußerers belastet wäre.

2. Umfang der Haftung.

Die Haftung des Uebernehmers beschränkt sich auf den Bestand des übernommenen Vermögens und die ihm aus dem Vertrag zustehenden Ansprüche (§ 419 Abs. 2 Satz 1). Das gezahlte Entgelt darf der Uebernehmer nicht vorweg abziehen. Die Haftung tritt ein mit dem Uebergang des Vermögens. Liegt der Uebergabe ein Vertrag zugrunde, so werden auch die in der Zeit zwischen Vertragsschluß und der Uebertragung begründeten Forderungen gegen den Veräußerer von der Haftung erfaßt.

Die Haftung des Uebernehmers ist zwingenden Rechts. Eine entgegenstehende Vereinbarung ist dem Gläubiger gegenüber unwirksam (§ 419 Abs. 3).

3. Durchführung der Haftung.

Für die Durchführung der Haftung finden einzelne Rechtssätze der Erbenhaftung entsprechende Anwendung, da der Vermögensübernehmer in der gleichen Lage ist wie der Erbe, der seine Haftung für die Schulden des Erblassers auf den Nachlaß beschränkt (§ 419 Abs. 2 Satz 2).

Wie der Erbe muß sich der auf Leistung verklagte Uebernehmer im Prozeß die Beschränkung seiner Haftung ausdrücklich vorbehalten (§§ 786, 780 Abs. 1 ZPO). Vollstreckt der Gläubiger nunmehr in das nicht übernommene Vermögen, so kann der Uebernehmer mit der Vollstreckungsgegenklage dagegen vorgehen (§§ 785, 767 ZPO, vgl. RGZ 137, 53).

Sechster Abschnitt

§ 35

Mehrheit von Schuldnern und Gläubigern

Vorbemerkung:

Die Vielgestaltigkeit des Schuldverhältnisses gestattet es, daß auf der Gläubiger- wie auf der Schuldnerseite mehrere Personen stehen können.

Die Rechtsbeziehungen zwischen den Gläubigern bzw. Schuldnern können dabei verschiedenartig sein. Die wichtigsten Gestaltungsmöglichkeiten sind die geteilte Forderung oder Schuld, das Gesamtschuldverhältnis und das Schuldverhältnis zur gesamten Hand.

Bei einer Mehrheit von Schuldnern ist die Gesamtschuld praktisch am häufigsten, bei Gläubigermehrheit treten die Gesamthandsforderungen besonders oft in Erscheinung.

A. Das Teilschuldverhältnis (Teilschuldner und Teilgläubiger).

Mehrere Schuldner können eine Leistung in der Weise schulden, daß jeder nur zu einem gleichen Anteil verpflichtet ist (Teilschuldner); entsprechend können mehrere Gläubiger eine Leistung dergestalt fordern, daß jeder Gläubiger nur zu einem gleichen Anteil berechtigt ist (Teilgläubiger).

1. Gesetzliche Vermutung.

Im Zweifel liegt ein Teilschuldverhältnis bei gleichgroßen Anteilen vor, wenn mehrere eine teilbare Leistung schulden oder zu fordern haben (§ 420).

Beispiel: Die einem Enkelkind unterhaltspflichtigen Großväter haften bei Leistungsfähigkeit zu gleichen Teilen (§ 1606 Abs. 2 Satz 1). Einem aus drei Mitgliedern bestehenden Aufsichtsrat einer Aktiengesellschaft ist satzungsmäßig eine Vergütung von RM 15 000,— garantiert, dann kann jedes Mitglied von der Aktiengesellschaft RM 5000,— beanspruchen (vgl. RGZ 75, 308).

2. Wirkung.

Die Handlungen jedes der Beteiligten beziehen sich stets nur auf seinen Anteil, z. B. Erfüllung, Verzug, Unterbrechung der Verjährung usw. Beim gegenseitigen Vertrag kann jedoch jeder Berechtigte die Einrede des nicht erfüllten Vertrages bis zur Bewirkung der ganzen Gegenleistung geltend machen, auch können sämtliche Beteiligte als Streitgenossen klagen oder verklagt werden.

3. Praktische Bedeutung.

Teilschuldnerschaft ist sehr selten, da die Auslegungsregel des § 420 häufig durchbrochen wird, insbesondere durch § 427 für teilbare Vertragsschulden und durch § 840 für Schulden aus unerlaubter Handlung. Teilgläubigerschaft ist demgegenüber häufiger, doch werden wichtige Fälle von teilbaren Forderungen durch die Schuldverhältnisse zur gesamten Hand erfaßt (vgl. unten C).

B. Das Gesamtschuldverhältnis (Gesamtschuldner und Gesamtgläubiger).

I. Begriff.

1. Mehrere Schuldner können eine Leistung in der Weise schulden, daß jeder Schuldner die ganze Leistung zu bewirken hat, der Gläubiger die

Leistung aber nur einmal verlangen kann (Gesamtschuldner). Der Gläubiger kann die Leistung nach seinem Belieben von jedem der Schuldner ganz oder zum Teil fordern. Bis zur Bewirkung der Leistung bleiben sämtliche Schuldner verpflichtet (§ 421).

Die Gesamtschuld will den Gläubiger sichern. Jeder Schuldner soll im Falle der Zahlungsunfähigkeit des anderen für die ganze Schuld einstehen.

2. Mehrere Gläubiger können berechtigt sein, die ganze Leistung zu fordern, der Schuldner jedoch verpflichtet, die Leistung nur einmal zu bewirken (Gesamtgläubiger). Der Schuldner kann nach seinem Belieben an jeden der Gläubiger leisten, und zwar auch dann noch, wenn ein Gläubiger bereits Klage auf Leistung erhoben hat (§ 428).

Die Gesamtforderung will den besonderen Bedürfnissen bestimmter Rechtsgemeinschaften von Gläubigern entsprechen und ihnen die Rechtsverfolgung erleichtern. Sie macht auch dem Schuldner die Befriedigung einfacher.

II. Echte und unechte Gesamtschuldverhältnisse.

1. Zum Begriff des Gesamtschuldverhältnisses gehört aber neben der Mehrheit von Forderungen noch, daß diese Forderungen in einem gewissen inneren Zusammenhang stehen: Zwischen den Schuldnern oder Gläubigern muß eine Zweckgemeinschaft bestehen, die auf die Erbringung der Leistung gerichtet ist; nicht notwendig ist, daß der Entstehungsgrund des Schuldverhältnisses allen Verbindlichkeiten gemeinschaftlich oder inhaltlich gleich ist. Der eine Vertragsteil kann auf Grund Vertrages, der andere auf Grund unerlaubter Handlung haften. (Echte Gesamtschuldverhältnisse.)

Beispiel: Ein Spediteur, der Güter in Hamburg erhält und sie nach Uebersee verfrachten soll, überträgt die Verladung vom Kai zum Dampfer einem Frachtführer. Werden die Güter durch Verschulden des Frachtführers beschädigt (§ 823), so haften Spediteur und Frachtführer als Gesamtschuldner, da bezüglich des Transports der Güter zwischen beiden eine Zweckgemeinschaft bestand (vgl. RGZ 77, 323).

2. Fehlt es an einer derartigen Zweckgemeinschaft, so ist ein Gesamtschuldverhältnis nicht gegeben, auch wenn mehrere Schuldverhältnisse (zufällig) auf die gleiche Leistung gerichtet sind. (Unechte Gesamtschuldverhältnisse.)

Beispiel: Unechte Gesamtschuldner sind der Brandstifter und die Feuerversicherung gegenüber dem Brandgeschädigten; der Dieb und die Bewachungsgesellschaft, deren Angestellter durch mangelnde Aufsicht den Diebstahl nicht bemerkt hat. Unechte Gesamtgläubiger sind der Verpfänder und der Eigentümer einer Pfandsache, die beide die Rückgabe des Pfandes verlangen können.

Auf die unechten Gesamtschuldverhältnisse finden die Vorschriften über die Gesamtschuld nur insoweit Anwendung, als sie nicht auf der besonderen Zweckgemeinschaft beruhen. Unanwendbar sind besonders die Vorschriften über die Ausgleichspflicht (§ 426), an deren Stelle andere Rechtssätze treten.

Beispiel: Hat die Versicherungsgesellschaft an den Eigentümer bezahlt, so geht der Anspruch gegen den Brandstifter im vollen Umfang auf sie über (§ 67 VersVertr.-Ges.); hat die Bewachungsgesellschaft den Eigentümer entschädigt, so kann sie gemäß § 255 Abtretung der Ansprüche gegen den Dieb verlangen.

III. Entstehung eines Gesamtschuldverhältnisses.

1. Gesamtschuld.

Eine Gesamtschuld entsteht,

a) wenn mehrere eine unteilbare Leistung schulden (§ 431);

Beispiel: Mehrere Mieter haften nach Ablauf des Mietverhältnisses auf Herausgabe der Wohnung dem Vermieter gegenüber als Gesamtschuldner.

b) wenn mehrere sich durch Vertrag gemeinschaftlich zu einer teilbaren Leistung verpflichtet haben (§ 427);

Beispiel: Ein Ehepaar mietet eine Wohnung und beide Ehegatten unterschreiben den Mietvertrag. Sie haften dann dem Vermieter insbsondere für den Mietzins als Gesamtschuldner.

c) kraft besonderer gesetzlicher Vorschrift.

Beispiel: § 769 (mehrere Mitbürgen), § 840 Abs. 1 (mehrere, die für den aus einer unerlaubten Handlung entstehenden Schaden nebeneinander verantwortlich sind), § 2058 (mehrere Miterben).

2. Gesamtforderung.

Eine Gesamtforderung entsteht,

a) wenn die Parteien es (ausdrücklich) vereinbart haben

Beispiel: Mehrere verkaufen einen Kraftwagen und vereinbaren dabei, daß jeder den ganzen Kaufpreis einziehen kann.

b) kraft besonderer gesetzlicher Vorschrift.

Beispiel: Unstreitig nur im § 2151 Abs. 3 (mehrere Vermächtnisnehmer sind Gesamtgläubiger, wenn der Beschwerte oder ein Dritter unter ihnen die Wahl treffen soll, aber nicht treffen kann), wohl auch in § 525 Abs. 2, § 2194 und bei einer Mehrheit von ausgleichsberechtigten Mitbürgen (§ 426 vgl. RGZ 117, 5).

IV. Veränderung und Aufhebung des Gesamtschuldverhältnisses.

Die besondere Eigenart der Beteiligung mehrerer Personen auf der Schuldner- bzw. Gläubigerseite bedingt es, daß gewisse Tatsachen alle Verbindlichkeiten des Gesamtschuldverhältnisses gleichmäßig berühren (Gesamtwirkung), andere sich dagegen nur auf die Verbindlichkeiten desjenigen beziehen, in dessen Person sie eintreten.

1. Gesamtwirkung.

Die Gesamtwirkung tritt grundsätzlich ein bei Gläubigerverzug und bei Erfüllung des Schuldverhältnisses.

a) Der Annahmeverzug eines Gläubigers gegenüber einem Gesamtschuldner wirkt für alle Gesamtschuldner (§ 424) bzw. der Annahmeverzug eines Gesamtgläubigers auch gegen die übrigen Gesamtgläubiger (§ 429

Abs. 1); denn die Annahme hätte alle Gesamtschuldner befreit bzw. das Forderungsrecht aller Gesamtgläubiger erlöschen lassen.

b) Die Erfüllung durch einen Gesamtschuldner oder an einen Gesamtgläubiger wirkt für alle Gesamtschuldner bzw. gegen alle Gesamtgläubiger (§§ 422, 429).

Der Erfüllung sind gleichgestellt:

Die Leistung an Erfüllungs Statt, die Hinterlegung und die erklärte Aufrechnung (§§ 422, 429 Abs. 3);

der Erlaß, wenn die Vertragschließenden das Schuldverhältnis allen Schuldnern bzw. allen Gläubigern gegenüber aufheben wollten (§§ 423, 429 Abs. 3);

die Vereinigung von Forderung und Schuld in der Person eines Gesamtgläubigers (§ 429 Abs. 2);

Beispiel: Der Schuldner beerbt einen Gesamtgläubiger. Grund: Der Schuldner kann auch Leistung an sich selbst wählen.

die Vereinigung von Forderung und Schuld in der Person eines Gesamtschuldners wirkt dagegen nicht für die übrigen Gesamtschuldner (§ 425 Abs. 2) (vgl. unten 2 g).

2. Alle anderen Tatsachen wirken — soweit sich nicht aus dem Schuldverhältnis ein anderes ergibt — nur für und gegen den Gesamtschuldner bzw. Gesamtgläubiger, in dessen Person sie eintreten (§§ 425 Abs. 2, 429 Abs. 3).

Dies gilt besonders von

a) der Kündigung.

Die Kündigung gegenüber einem Gesamtschuldner wirkt nicht gegen die anderen Gesamtschuldner, die Kündigung eines Gesamtgläubigers kommt dem anderen nicht zustatten. Häufig ist jedoch nur eine Kündigung an alle oder von allen möglich, so z. B. bei mehreren Mietern oder Vermietern (vgl. RGZ 138, 186).

b) dem Schuldnerverzug.

Der Leistungsverzug eines Gesamtschuldners läßt für die anderen Gesamtschuldner nicht ebenfalls die Verzugsfolgen eintreten, der Leistungsverzug gegenüber einem Gesamtgläubiger wirkt nur für diesen.

c) dem Verschulden.

Jeder Gesamtschuldner und Gesamtgläubiger hat nur sein Verschulden zu vertreten.

d) der Abtretung einer Forderung.

Die Abtretung einer Forderung durch einen Gesamtgläubiger läßt die Rechte der übrigen unberührt.

e) der Unmöglichkeit der Leistung in der Person eines Beteiligten.

Ist die Leistung nur einem Gesamtschuldner unmöglich geworden, so bleiben die anderen verpflichtet, ist sie nur gegenüber einem Gesamtgläubiger unmöglich, so können die anderen Leistung noch verlangen.

f) der Verjährung, deren Unterbrechung und Hemmung.

Für jeden Anspruch ist der Lauf der Verjährungsfrist sowie eine etwaige Hemmung oder Unterbrechung gesondert zu bestimmen.

g) der Vereinigung von Forderung und Schuld in der Person eines Gesamtschuldners.

Im Gegensatz zur Gesamtforderung läßt die Vereinigung von Forderung und Schuld in der Person eines Gesamtschuldners die Verpflichtungen der anderen Gesamtschuldner unberührt. Der betroffene Gläubiger (und frühere Gesamtschuldner) muß jedoch bei seiner Forderung gegen die anderen Gesamtschuldner den Anteil abziehen, mit dem er an der Gesamtschuld ausgleichspflichtig ist.

Beispiel: Schulden drei Brüder ihrem Vater als Gesamtschuldner RM 9000,— und ist einer von ihnen sein testamentarischer Alleinerbe, so kann dieser nach dem Eintritt des Erbfalles von den beiden anderen nur RM 6000,— verlangen.

h) dem rechtskräftigen Urteil.

Das rechtskräftige Urteil wirkt nur für und gegen die am Rechtsstreit Beteiligten, nicht dagegen für oder gegen die anderen Gesamtschuldner oder Gesamtgläubiger (vgl. § 325 ZPO).

V. Ausgleichspflicht.

1. Ausgleichspflicht zu gleichen Teilen.

Hat ein Gesamtschuldner die ganze Leistung erbracht oder ein Gesamtgläubiger die ganze Leistung entgegengenommen, so muß sich aus dem Innenverhältnis der Gesamtschuldner oder Gesamtgläubiger untereinander ergeben, wie der Ausgleich erfolgen soll. Soweit nichts anderes bestimmt ist, sind die Gesamtgläubiger im Verhältnis zueinander zu gleichen Anteilen berechtigt, die Gesamtschuldner zu gleichen Anteilen verpflichtet (§§ 426, 430).

a) Jeder Gesamtgläubiger, der mehr als seinen Anteil erhalten hat, muß daher den Ueberschuß an die anderen Gesamtgläubiger herausgeben.

b) Jeder Gesamtschuldner ist bei Fälligkeit der Schuld dem anderen gegenüber verpflichtet, in Höhe seines Anteils an der Befriedigung des Gläubigers mitzuwirken. Kann von einem Gesamtschuldner der auf ihn entfallende Betrag nicht erlangt werden, so ist der Ausfall von den übrigen mitzutragen (§ 426 Abs. 1).

Zur besseren Durchführung der Ausgleichspflicht geht, soweit ein Gesamtschuldner den Gläubiger befriedigt hat, die Forderung des Gläubigers gegen die übrigen Schuldner auf ihn über. Der Uebergang kann nicht zum Nachteil des Gläubigers geltend gemacht werden (§ 426 Abs. 2).

Der ausgleichsberechtigte Gesamtschuldner hat daher zwei nebeneinanderstehende Ansprüche:

1. Den Ausgleichsanspruch, der als selbständige Verpflichtung von vornherein mit der Begründung der Gesamtschuld als solcher entsteht und eine eigene dreißigjährige Verjährung hat;

2. die ursprüngliche Forderung des Gläubigers in Höhe des Ausgleichanspruchs, und zwar in ihrem alten Bestand, d. h. mit allen Vorzügen (Bürgschaften, Pfandrechten), aber auch Nachteilen (Verjährung, rechtskräftiger Abweisung).

2. Ausgleichspflicht, „soweit ein anderes bestimmt ist".

Eine andere Regelung der Ausgleichspflicht als zu gleichen Teilen kann sich auf Grund Vereinbarungen aus dem Inhalt und Zweck des Rechtsgeschäftes und kraft besonderer gesetzlicher Vorschrift ergeben. Dadurch wird praktisch der Ausgleich nach Kopfteilen zur Ausnahme, wenn auch derjenige, der eine Abweichung von dem gesetzlichen Verteilungsmaßstab der §§ 426, 430 behauptet, dies beweisen muß.

a) Rechtsgeschäftliche Bestimmung.

Ein anderes Ausgleichsverhältnis kann ausdrücklich oder stillschweigend vereinbart werden und sich besonders aus den Umständen ergeben.

Beispiel: Das Beteiligungsverhältnis an einer Gesellschaft ist die natürliche Grundlage für die Ausgleichung unter den Gesellschaftern. Sie sind also entsprechend dieser Beteiligung zum Ausgleich verpflichtet (vgl. RGZ 88, 125).

b) Gesetzliche Bestimmung.

Bei dem gesetzlichen Fall der Gesamtgläubigerschaft des § 2151 ist der Bedachte, der das Vermächtnis erhält, im Zweifel nicht zur Teilung verpflichtet (§ 2151 Abs. 3 Satz 3).

Bei der Gesamtschuldnerschaft finden sich Sondervorschriften besonders hinsichtlich des Ausgleichs unter mehreren, die zum Schadenersatz verpflichtet sind (vgl. §§ 840 Abs. 2 und Abs. 3, 841, 1833 Abs. 2). Greifen diese Rechtssätze nicht ein, so wird oft § 254 entsprechend anwendbar sein. Für den Ausgleich der Gesamtschuldner ist dann maßgebend, inwieweit der einzelne Gesamtschuldner den Schaden vorwiegend verursacht bzw. verschuldet hat.

C. Das Schuldverhältnis zur gesamten Hand (Gesamthandsschuldner und Gesamthandsgläubiger) und die Gläubigergemeinschaft.

I. Das Schuldverhältnis zur gesamten Hand.

1. Ein Schuldverhältnis zur gesamten Hand setzt ein Sondervermögen voraus, woran den Beteiligten die Verfügung und Verwaltung gemeinsam zusteht und worauf sie ihre Haftung beschränken können. Als solche Sondervermögen kennt das BGB das Vermögen der Gesellschaft (§§ 718 ff.) bzw. des nicht rechtsfähigen Vereins (§ 54), das Gesamtgut der ehelichen Gütergemeinschaften (§ 1438, 1519, 1549) sowie der fortgesetzten Gütergemeinschaft (§§ 1485 ff.) und den Nachlaß bei ungeteilter Erbengemeinschaft (§§ 2032 ff.)[1].

---

1) Aus dem Handelsrecht gehören hierher: Das Vermögen der offenen Handelsgesellschaft (§ 105 Abs. 2 HGB), der Kommanditgesellschaft (§ 161 Abs. 2 HGB) und das Reedereivermögen.

2. Eine einheitliche gesetzliche Regelung haben die Schuldverhältnisse zur gesamten Hand nicht erfahren. Da sie jedoch nur bei dem genannten Sondervermögen vorkommen können, lassen sich folgende gemeinsame Rechtssätze ableiten:

a) Die Gesamthandsschulden richten sich gegen alle Gesamthänder zusammen. Der Gläubiger kann die Leistung nur von allen Gesamthändern gemeinschaftlich fordern, er muß allen kündigen und bedarf zur Vollstreckung in das Sondervermögen eines Titels gegen alle (§§ 736, 747 ZPO)[2]. Häufig kann der Gläubiger aber auch noch in das persönliche Vermögen der Beteiligten vollstrecken, die dann meist als Gesamtschuldner haften.

b) Ueber die Gesamthandsforderungen können die Gesamthandsgläubiger nur gemeinsam verfügen[1]. Sie können z. B. nur gemeinsam die Forderung mahnen, kündigen, einziehen oder abtreten. Sie können nur verlangen, daß der Schuldner an alle gemeinsam leistet. Die Rechtsprechung hat jedoch in entsprechender Anwendung von §§ 432, 2039 ein Recht des einzelnen Gesamthänders bei allen Gesamthandsgemeinschaften anerkannt auf Leistung oder Hinterlegung an alle Gesamthänder zu klagen (vgl. RG in JW 1935, 3296). — Der Schuldner kann gegen eine Gesamthandsforderung nicht mit einer Forderung gegen einen einzelnen Gesamthänder aufrechnen.

II. Die Gläubigergemeinschaft.

Die Gläubigergemeinschaft ist der Gesamthandsgemeinschaft verwandt. Haben mehrere Gläubiger eine unteilbare Leistung zu fordern und sind sie nicht Gesamtgläubiger, so kann der Schuldner nur an alle gemeinschaftlich leisten, der Gläubiger nur Leistung an alle fordern (§ 432).

Beispiel: Haben mehrere Mieter eine Wohnung gemeinsam gemietet, so können sie von dem Vermieter nur gemeinschaftlich ihre Ueberlassung fordern.

Jeder Gläubiger kann auch die Hinterlegung für alle bzw. Ablieferung an einen gerichtlich bestellten Verwahrer verlangen, was besonders dann für ihn von Bedeutung sein kann, wenn es ein Gläubiger an einer notwendigen Mitwirkungshandlung fehlen läßt.

Abgesehen davon wirkt eine Tatsache, die nur in der Person eines Gläubigers eintritt (z. B. Verjährung, Mahnung und daraus sich ergebender Schuldnerverzug, rechtskräftiges Urteil), nicht für und gegen die übrigen Gläubiger.

---

1) Sondervorschriften gelten für die ehelichen Gütergemeinschaften wegen des Verwaltungsrechts des Ehemannes (§§ 1443 ff. BGB, vgl. auch §§ 740, 745 ZPO).

Sachverzeichnis

(Die Zahlen bezeichnen die Seiten.)

Ablieferungsort 29.
Ablösungsrecht 28.
Abschlußzwang 46.
Absorbationsprinzip 47.
abstrakter Schaden 24.
Abtretung 87.
adaequater Kausalzusammenhang 17.
Alliierte Besatzungsmark 13.
„alte" Schulden 9.
Amortisationsquoten 15.
Anerkenntnisvertrag, negativer 75, 86.
Anfechtung 68.
Annahme an Erfüllungsstatt 76.
Annahme erfüllungshalber 76.
Annahmeverzug 43.
Anspruch und Schuldverhältnis 7, 90.
Auflassungsvollmacht 51.
Aufrechnung 80.
Aufwendungen, Ersatz von 26.
Aufwertung 14.
Ausgleichspflicht, bei Gesamtschulden 105.
Auskunfterteilung 27.
Außenverhältnis 63.
Austauschtheorie 57.

Bargeldlose Zahlung 30.
beschränkte Haftung 8, 100.
Bestandsverzeichnis 27.
Bestimmung der Leistung 47.
Bestimmungsort 29.
Beweis des ersten Anscheins 23.
Beweiserhebungstheorie 84.
Bringschulden 29.
Bürgschaft 98.

Commodum, stellvertretendes 39.

Dauerschuldverhältnisse 11, 60.
Deckungsverhältnis 62.
Differenzlehre 57.
Dividenden 15.
Draufgabe 64.
Drittschaden, Geltendmachung d. 21.

Eigentumsvorbehalt, verlängerter 89.
Einrede des nicht erfüllten Vertrages 53.
Einziehungsermächtigung 94.
Eisenbahn, Haftung der 35.
entgangener Gewinn 20.
Erfüllung 71.
Erfüllung unter Vorbehalt 73.
Erfüllungsgehilfe, Haftung für 22, 36.
Erfüllungsort 29.
Erfüllungsübernahme 61, 95.
Erlaß 86.
Erlöschen des Schuldverhältnisses 70.
Ersetzungsbefugnis 25.
Eventualaufrechnung 84.

Facultas alternativa 25.
Fahrlässigkeit 33.
Fälligkeit 30, 40.
fingierte Unmöglichkeit 40.
Fixgeschäft 31.
Form der Verträge 50.
Formfreiheit 50.
Fristsetzung 40, 58, 60.

Garantievertrag 46, 91 (Anm. 1).
Gattungsschuld 12.
Gefährdungshaftung 17, 23.
Gegenstand der Leistung 10.
gegenseitiger Vertrag 53.
Geld 13.
Geldentschädigung 18.

Geldschuld 13, 30.
Geldsortenschuld 14.
gemeiner Wert 20.
gemischte Verträge 46.
Gesamtgläubiger 102.
Gesamthandsgläubiger 106.
Gesamthandsschuldner 106.
Gesamtschuldner 102.
gesetzlicher Vertreter, Haftung für 22, 36.
gesetzliche Zahlungsmittel 13.
gesetzliche Zinsen 16.
Gewalt, höhere 35.
Gläubigergemeinschaft 107.
Gläubigerverzug 43.
Goldklausel 15.
Grundstücksveräußerungsvertrag 51.

Haftung des Schuldners 7.
Haftungsgrund 17.
Hilfspersonen, Haftung für 36.
Hinterlegung 77.
Höhere Gewalt 35.
Holschulden 29.
Hypothekenübernahme 96.

Immaterieller Schaden 19.
Inkassomandat 94.
Inkassozession 94.
Interesse, positives 20, 36.
Interesse, negatives 20, 36.

Kausalzusammenhang 17.
Klagabweisungstheorie 85.
Kombinationsprinzip 47.
Konfusion 71.
konkreter Schaden 24.
Konnexität 31.
Kontrahierungszwang 46.
Konzentration der Gattungsschuld 12.
Kraftfahrzeug, Haftung für 17, 23.
Kündigung 31, 68.
Kurswert 13.

Leistung, einmalige, wiederkehrende 11.
Leistung, fortgesetzte, teilbare 11.
Leistung, unmögliche 48.
Leistung, unsittliche, verbotene 49.
Leistung durch Dritte 28.
Leistungsgefahr 13.
Leistungsgegenstand 10.
Leistungsort 29.
Leistungsverzug s. Schuldnerverzug.
Leistungszeit 30.
Leistung Zug um Zug 53.
Liebhaberwert 20.
Lohnpfändungsverordnung 84.

Mahnung 41.
Mehrheit der Gläubiger oder Schuldner 100.
mittelbarer Schaden 18.
Mitverschulden 22.
Monopolstellung 35, 46.
Münzgesetz 14.

Naturalherstellung 18.
Naturalobligation 8, 82.
negatives Interesse 20, 36.
negatives Schuldanerkenntnis 86.
Nennwert 13.
Nichterfüllung, Schadensersatz wegen 42, 57.
Nominalismus 14.
Novation 71.

Offenbarungseid 27.
Ort der Leistung 29.

Positives Interesse 20, 36.
positive Vertragsverletzung 42, 59.
Post, Haftung der 20, 35.
prima facie Beweis 23.
Prozeßzinsen 16, 42.

Quittung 74.

Rechnungslegung 27.
Recht, absolutes, dingliches 7.
Recht, relatives, persönliches 7.
Rechtsgrund 45.
Rechtshängigkeit 42.
Rechtskraft des Urteils 40, 92.
Reichsbanknoten 13.
Renten 15.
Rentenmark 13.
Reugeld 64.
Rücktritt 66.
Rückwirkung der Aufrechnung 85.

Schaden, immaterieller 19.
Schaden, mittelbarer, unmittelbarer 18.

Schadenersatzpflichten, Allgemeines 16.
Schadenersatzpflichten wegen Nichterfüllung 42, 57.
Scheidemünzen 14.
Schickschulden 29.
Schlechterfüllung s. positive Vertragsverletzung.
Schuldbeitritt 98.
Schuldschein 76.
Schuldübernahme 95.
Schuldvertrag, formbedürftig 50.
Schuldvertrag, gemischter 46.
Schuldvertrag, einseitiger, unvollkommen zweiseitiger, gegenseitiger 53.
Schuldnerverzug 40.
Schuldverhältnis, Begriff 7.
Schwarzkäufe 52.
Selbsthilfeverkauf 78.
Sicherungsabtretung s. treuhänderische Abtretung.
sittenwidrige Verträge 49.
Sorgfalt wie in eigenen Angelegenheiten 34.
Sparkassenbuch 61, 89.
Strafgedinge 65.
Stückschuld 12.
Substitut 37.
Sukzessivlieferungsvertrag 11, 60.
Surrogationslehre 57.
synallagmatische Verträge 53.

Tantiemen 15.
Tarifvertrag 46.
Teilgläubiger 101.
Teilleistung 11, 58.
Teilschuldner 101.
Tilgungsfolge 73.
treuhänderische Abtretung 93.
Treu und Glauben 8.
Trödelvertrag 46.

Uebergang der Forderungen, gesetzlicher 94.
Uebertragung von Forderungen 87.
Uebernahme der Schuld 95.
Umstände, zu vertretende 33.
Unmöglichkeit der Leistung 38, 48, 55.
Umwandlung der Gattungsschuld 12.
unpfändbare Forderungen 32.
Unterbrechung des Kausalzusammenhangs 18.
Unterlassungsklage 19.
Unterlassungspflichten 10, 17.
Unvermögen zur Leistung s. Unmöglichkeit.

Valorismus 14.
Valutaverhältnis 63.
Veränderungen, inhaltliche des Schuldverhältnisses 33.
Vergütungsgefahr 13.
Verkehr, bargeldloser 30.
Verkehrsgeld 13.
Vermögensübernahme 99.
Verschulden bei Vertragsschluß 35.
Verschulden, eigenes des Geschädigten 22.
Verschulden des Schuldners 33.
Vertragsfreiheit 46.
Vertragsstrafe 64.
Vertrauensschaden 20, 36.
Verurteilung Zug um Zug 54.
Vertrag zugunsten Dritter 60.
Vertragsverletzung, positive 42, 59.
Verwirkung 9, 71.
Verwirkungsklausel 69.
Verzug des Gläubigers 43.
Verzug des Schuldners 40, 58.
Verzugszinsen 16, 41.
Vorleistungspflicht 54.
Vorsatz 33.
Vorteilsausgleichung 21.

Wahlschulden 24.
Wechselhingabe 77.
Wegnahmerecht 26.
Wertsicherungsklauseln 15.
Widerruf 68.

Zeit der Leistung 30.
Zinsschuld 15.
Zinseszins 16.
Zufall, Haftung für 35.
Zug-um-Zug-Leistung 53.
Zurückbehaltungsrecht 31.
Zuwendungsverhältnis 63.
Zweckerreichung 71.
Zwischenzinsen 30.

Im Rahmen des

Leitfaden der Rechtswissenschaft

werden erscheinen:

Band 1: **Bürgerliches Gesetzbuch . . . . . . Erstes Buch**
Allgemeiner Teil des Bürgerlichen Gesetzbuches
von Rechtsanwalt und Notar **E. Kummerow**, Berlin

Band 2: **Bürgerliches Gesetzbuch . . . . . . Zweites Buch**
Das Recht der Schuldverhältnisse, 1. Hälfte, Allgemeiner Teil von **Dr. Richard Lehmann**, Berlin
1947, Din A 5, 112 Seiten

Band 3: **Bürgerliches Gesetzbuch . . . . . . Zweites Buch**
Das Recht der Schuldverhältnisse, 2. Hälfte, Besonderer Teil von **Dr. Richard Lehmann**, Berlin

Band 4: **Bürgerliches Gesetzbuch . . . . . . Viertes Buch**
Familienrecht von Rechtsanwalt und Notar **E. Kummerow** 1947, Din A 5, 124 Seiten

Band 5: **Bürgerliches Gesetzbuch . . . . . . Fünftes Buch**
Erbrecht von Rechtsanwalt und Notar **E. Kummerow**

Band 6: **Bürgerliches Gesetzbuch . . . . . . Drittes Buch**
Sachenrecht von Rechtsanwalt u. Notar **E. Kummerow**

WALTER DE GRUYTER & CO., BERLIN W 35

FSC
www.fsc.org
MIX
Papier | Fördert
gute Waldnutzung
FSC® C083411

Kolibri 360 GmbH
Ferdinand-Jühlke-Straße 7
99095 Erfurt, Deutschland
produktsicherheit@kolibri360.de